助力乡村振兴
出版计划

【现代乡村社会治理系列】

农业生产托管

服务指南

主　编　董春宇

副主编　周　悦　谢　彪　姚雨珞　张文灿

时代出版传媒股份有限公司
安徽科学技术出版社

图书在版编目(CIP)数据

农业生产托管服务指南 / 董春宇主编. --合肥:安徽
科学技术出版社,2023.12
助力乡村振兴出版计划.现代乡村社会治理系列
ISBN 978-7-5337-8719-6

Ⅰ.①农… Ⅱ.①董… Ⅲ.①农业生产-生产服务-
中国-指南 Ⅳ.①F326.6-62

中国版本图书馆 CIP 数据核字(2022)第 254439 号

农业生产托管服务指南   主编 董春宇

出 版 人:王筱文 选题策划:丁凌云 蒋贤骏 余登兵 责任编辑:程羽君
责任校对:李 茜 责任印制:廖小青   装帧设计:武 迪
出版发行:安徽科学技术出版社   http://www.ahstp.net
(合肥市政务文化新区翡翠路 1118 号出版传媒广场,邮编:230071)
电话:(0551)63533330
印 制:合肥华云印务有限责任公司 电话:(0551)63418899
(如发现印装质量问题,影响阅读,请与印刷厂商联系调换)

开本:720×1010 1/16   印张:10   字数:150 千
版次:2023 年 12 月第 1 版   印次:2023 年 12 月第 1 次印刷

ISBN 978-7-5337-8719-6   定价:35.00 元

出版说明

"助力乡村振兴出版计划"(以下简称"本计划")以习近平新时代中国特色社会主义思想为指导,是在全国脱贫攻坚目标任务完成并向全面推进乡村振兴转进的重要历史时刻,由中共安徽省委宣传部主持实施的一项重点出版项目。

本计划以服务乡村振兴事业为出版定位,围绕乡村产业振兴、人才振兴、文化振兴、生态振兴和组织振兴展开,由《现代种植业实用技术》《现代养殖业实用技术》《新型农民职业技能提升》《现代农业科技与管理》《现代乡村社会治理》五个子系列组成,主要内容涵盖特色养殖业和疾病防控技术、特色种植业及病虫害绿色防控技术、集体经济发展、休闲农业和乡村旅游融合发展、新型农业经营主体培育、农村环境生态化治理、农村基层党建等。选题组织力求满足乡村振兴实务需求,编写内容努力做到通俗易懂。

本计划的呈现形式是以图书为主的融媒体出版物。图书的主要读者对象是新型农民、县乡村基层干部、"三农"工作者。为扩大传播面、提高传播效率,与图书出版同步,配套制作了部分精品音视频,在每册图书封底放置二维码,供扫码使用,以适应广大农民朋友的移动阅读需求。

本计划的编写和出版,代表了当前农业科研成果转化和普及的新进展,凝聚了乡村社会治理研究者和实务者的集体智慧,在此谨向有关单位和个人致以衷心的感谢!

虽然我们始终秉持高水平策划、高质量编写的精品出版理念,但因水平所限仍会有诸多不足和错漏之处,敬请广大读者提出宝贵意见和建议,以便修订再版时改正。

本册编写说明

伴随我国工业化、信息化、城镇化和农业现代化进程,农村劳动力大量转移,农业物质技术装备水平不断提高,农户承包土地的经营权流转明显加快,发展规模经营已成为必然趋势。"大国小农"是我国农业发展需要长期面对的基本现实,这决定了我国不可能在短期内通过流转土地搞大规模集中经营。而且,我国农业面临化肥农药用量大、利用率低,技术装备普及难、应用不充分,农产品品种杂、品质不优,以及农民组织化程度低等问题。

随着农业生产成本不断上涨,粮食等重要农产品的比较效益越来越低,迫切需要用现代科学技术、物质装备、产业体系、经营形式来发展农业。而发展农业生产托管服务,通过服务主体集中采购生产资料,统一开展规模化机械作业,有助于转变农业发展方式,促进农业转型升级,实现质量兴农、绿色兴农,能够促进农业节本增效、农民增产增收,从而有利于保障国家粮食安全和促进农业高质量发展。

发展农业生产托管服务,是实现小农户和现代农业有机衔接的基本途径和主要机制,是推进农业规模化经营的有效实现形式,是激发农民生产积极性、发展农业生产力的重要经营方式,已成为构建现代农业经营体系、转变农业发展方式、加快推进农业现代化的重大战略举措。

目　录

第一章　　　　　绪　　论

▶ 第一节　农业生产托管的概念、意义与特点

1 什么是农业生产托管？

农业生产托管是农户等经营主体在不流转土地经营权的条件下,将农业生产中的耕、种、防、收等全部或部分作业环节委托给农业生产性服务组织完成的农业经营方式。

2 发展农业生产托管有何意义？

发展农业生产托管服务,是实现小农户和现代农业有机衔接的基本途径和主要机制,是激发农民生产积极性、发展农业生产力的重要经营方式,已成为构建现代农业经营体系、转变农业发展方式、加快推进农业现代化的重大战略举措。

3 农业生产托管的特点有哪些？

(1)方式灵活性。农业生产托管不改变土地承包关系,不用流转土地,不转移土地承包经营权,农民可根据自身情况,灵活选择土地全程托管或者单环节、多环节托管。有劳动力但又无力完成全部作业的,可以把耕种防收的主要环节委托给服务组织;没有劳动力但又不愿意流转土地的,则可全程委托服务组织完成。如山东的某些农户认为浇地劳动强度轻,就自己浇地,把其他农活托管给服务组织。

(2)可延伸性。农业生产托管服务模式可进行一定的延伸,如承包商在粮食培育过程中,可向农户推荐相应的农药、化肥、病虫害防治技术等,从而延长交易时限,横向加深农户与农业服务组织之间的关系,引领

1

小农户进入现代农业发展进程。农业服务组织的专业化服务可以利用先进的技术、品种、装备,实现小农户生产的农业现代化。

(3)服务一体性。农业生产托管服务机制通常较为灵活,针对农户土地在生产过程中产生的个别性问题,可通过信息化技术、参考以往服务案例、市场服务联合等方式,制定更具针对性的解决方案,将多种服务结合为一体。

(4)有利于发展集体经济。农业生产托管重点扶持集体经济组织开展生产服务,可以壮大集体经济组织的实力。

第二节　农业生产托管服务的产生与发展

4 农业生产托管服务为何产生?

农业生产托管作为一种新的生产经营模式,其产生的主要原因是农村劳动力构成变化和农民的现实需求。农业生产托管正是在这种农民渴望"离乡不丢地、不种有收益",外出务工与家庭承包经营矛盾亟待解决,而土地流转又难以适应这种需求的大背景下出现的。为了解决我国农业发展"未来谁来种地""谁来帮农户种地""怎样种好地"等问题,需要找到一条适合我国农业发展和基本国情的有效路径,农业生产托管这一生产性服务模式应运而生。

5 农业生产托管服务的发展如何?

农业生产托管服务作为一种专业化服务行业,它的兴起在中国农业发展进程中的作用将更加明显。2014年中央一号文件就提出了推行"托管式"服务模式,2022年中央一号文件明确提出要发展"生产托管服务"。农业生产托管形成的服务规模经营新道路,能够有效解决当前农业发展的困境,为小农户与现代农业发展的有机衔接提供了组织载体,为实现农业规模经营开辟了新道路。

第二章　农业生产基本要素

▶ 第一节　土　　地

6 土地的概念是什么?

土地是地球陆地表面由地貌、土壤、岩石、水文、气候和植被等要素组成的自然历史综合体,它包括人类过去和现在的种种活动结果。

(1)土地是综合体,土地的性质和用途取决于全部构成要素的综合作用,而不只取决于任何一个单独的要素。

(2)土地是自然的产物。人类活动可以引起土地有关组成要素的性质变化,从而影响土地的性质和用途的变化。

(3)土地是地球表面具有固定位置的空间客体。

(4)土地是地球表面的陆地部分。陆地是突出于海洋面上的部分,包括内陆水域、海洋滩涂。

(5)土地包括人类过去和现在的活动结果。

7 土地的分类有哪些?

一是农用地,是用于农业生产的土地。二是商业用地,是指规划部门根据城市规划所规定该宗地块的用地性质是用于建设商业用房屋。三是建设用地,是指用于建造建筑物、构筑物的土地,是城乡住宅和公共设施用地。四是旅游用地,指用于开展商业、旅游、娱乐活动所占用的场所。五是居民住宅地,指用于建造居民居住用房屋所占用的土地。

8 土地有哪些特性?

土地的特性包括自然特性和经济特性。土地的自然特性是指土地

不以人的意志为转移的自然属性。土地的经济特性则指人们在利用土地的过程中,土地在生产力和生产关系方面表现的特性。土地的自然特性包括:土地面积的有限性、土地位置的固定性、土地质量的差异性(多样性)、土地永续利用的相对性(土地功能的永久性)等。土地的经济特性包括:土地供给的稀缺性、土地用途的多样性、土地利用方向变更的困难性(土地用途变更的困难性)、土地增值性、土地报酬递减的可能性、土地利用方式的相对分散性、土地利用后果的社会性等。

9）土地在农业生产托管服务中的重要作用有哪些?

土地资源在农业生产托管服务的发展过程中是至关重要的。土地是人类赖以生存和发展的物质基础,是社会生产的劳动资料,是农业生产的基本生产资料,是一切生产和一切存在的源泉,是不能出让的存在条件和再生产条件。在农业生产中,土地不仅是劳动对象,还是最好、最重要的劳动资料,没有土地就没有农业生产。农业生产对土地的需求表现在需要面积广大的土地,否则就不可能生产出数量能满足人类需求的农产品。这是由于无论土地质量如何高、人类耕作栽培水平如何高,单位面积土地生产率总是有限的。而狭义上的农业,对于土壤、气候、地貌、水文等条件的要求,是十分严格的。土地的位置和质量,都会影响农业生产的品种、质量和数量。因此,只有一定条件的土地才适于农业生产。

10）在农业生产托管进程中如何选择开展解决承包地细碎化试点地区和实施方式?

解决承包地细碎化试点由各省(区、市)农业农村部门组织开展,各地要结合实际,因地制宜推进,不能搞"一刀切""齐步走"。要综合考虑地形地貌、灌溉条件、作物品种、劳动力转移情况等因素,优先在群众意愿高、基层组织强、农村承包地确权登记颁证工作扎实的平原、浅丘地区开展试点,也就是要在"适宜干、愿意干、能干好"的地方开展试点,不能定指标、下任务。同时,根据基层探索的经验,可将实施方式分为两类:一是针对多数农户仍直接耕种承包地的情况,可以探索将农户承包地经营权集中,实现按户连片经营,解决耕种不便等问题;二是针对多数农村劳动力已经转移到第二、三产业的情况,在集中连片的基础上,可以探索设置自耕农户按户连片经营的自种区和新型农业经营主体集中连片经营的租种区等方式,满足不同主体解决承包地细碎化的多元需求。

11) 解决承包地细碎化过程中有什么措施能确保农户可以找回自己的承包地?

在解决承包地细碎化工作中,确实有部分农户存在顾虑,他们担心田垄界限被打破后,找不回自己的承包地。对此,在基层试点中已经探索出了一些经验,也为农村承包地确权登记颁证提供了有效支撑。党的十八大以来,我们贯彻落实中央部署,在全国组织开展了农村承包地确权登记颁证工作,通过现代测绘技术,明确了农户承包地块的空间位置、四至范围、面积等信息,强化了对土地承包经营权的物权保护,也为开展解决承包地细碎化试点提供了信息技术支撑。开展解决承包地细碎化试点,要充分利用农村承包地确权登记颁证成果,要确保在打破田垄界限、土地集中连片后,能依据确权数据回溯承包地块原来的空间位置、四至范围和面积等。如有农户想找回自己的承包地,或者承包地被征收,能据此保障农户土地承包权益不受损。如果这些基础工作做得不扎实,就不能盲目开展试点。

▶ 第二节 技 术

12) 什么是农业技术?

农业技术是指应用于种植业、林业、畜牧业、渔业的科研成果和实用技术,可以帮助农民提高农产品的生产效率和质量,从而增加收入。

13) 农业技术的特点是什么?

一是生物性,指农业技术作用受制于农业生物学特性。二是季节性,指农业技术作用受制于农业生产季节性。三是地域性,指农业技术作用受制于农业生产地区的生态环境。

14) 农业生产托管服务过程中应用了哪些农业技术?

农业生产托管服务过程中应用的农业技术包括土壤耕作技术(耕作、土地平整)、施肥技术(确定肥料种类、施肥时期、施肥方式和方法、施

肥量、养分配比等)、农业灌溉与排水技术(确定灌溉定额、灌溉方式、灌溉期、排水方式等)、种子生产技术(选种、晒种、品种搭配、制种技术等)、植物保护技术(病虫害防治、农药制备、农药安全使用技术等)及田间管理技术等。

▶ 第三节 融 资

15 如何定义农业资金?

农业资金,有广义和狭义之分。广义的农业资金是指国家、个人或社会其他部门投入农业领域的各种货币资金、实物资本和无形资产,以及在农业生产经营过程中形成的各种流动资产、固定资产和其他资产的总和。狭义的农业资金是指社会各投资主体投入农业的各种货币资金。

16 如何解决好农业生产托管中的融资难题?

按照"试点先行,由点到面,逐步推广"的思路,选择农业生产托管发展较充分、工作积极性高、基础条件扎实的县(市、区)率先开展试点,鼓励其他县(市、区)自行开展试点。在总结试点经验的基础上,在全省有序推广。

(1)支持对象和内容。通过平台建设,为广大农业生产托管服务主体提供产前生产资料采购、产中耕种防收、产后卖粮储粮、贷款资金保障和保险风险保障等流程化、规范化线上服务,保障各类农业生产托管主体融资需求。

(2)实现方式和目标。通过产业互联网、大数据、云计算等信息技术搭建平台,全面对接金融机构业管系统,高效整合土地、补贴、信贷、保险等要素,实现农业和金融大数据互联、互通、互用,为各类主体精准授信,实现"线上申请""随申随贷""随借随还",降低融资成本,实现金融赋能。

(3)平台共建和数据共享。大数据平台既是新技术,也是新基建;既是征信监测平台,也是服务发展平台。农业农村部门要支持金融机构开展相关农业数据搜集工作。金融机构要主动对接农业农村部门和相关主体,摸清当地农业生产托管主体的服务规模、服务能力、资金需求等底数,为信贷资金快速办理、投放到位做好准备。

（4）平台培训和推广。农业农村部门和金融机构要共同做好平台推广使用和金融产品知识培训。深入宣传发动,引导组织各类主体主动使用平台。密切配合,抓实抓细相关培训工作,确保各类主体熟练掌握平台使用流程和相关金融产品知识。

安徽省淮南市充分发挥银行、保险两个体系协同优势,增强"融资+保险"的金融资源配置能力,推动辖内中国银行与国元农业保险股份有限公司合作创新,推出"助粮贷"产品,依托种植险保单进行增信,为托管主体发放信用贷款,做到见单即贷。2021年起,位于淮南市凤台县店集新村的沿淝糯米专业合作社积极参与全市农业生产大托管工作,全村6000亩(1亩≈666.7平方米,全书同)土地实现托管服务。2022年8月,中国银行凤台县支行为该社办理"助粮贷"纯信用贷款,金额100万元,用于日常经营中的农资采购等。该贷款手续简便,门槛低。经营满两年的家庭农场、合作社,提供基础资料和国元农险保单都可办理该贷款,银行直接按照投保的亩数核定贷款金额。同时通过保单的增信作用,大幅提高贷款额度上限,纯信用贷款额度上限由无保单状态下的80万元提升至100万元,如有其他抵押或者担保方式的,最高可贷1000万元。

17 农业生产过程中是否有"农业生产托管贷"金融产品?

为认真贯彻落实《农业农村部关于加快发展农业社会化服务的指导意见》,加速推动以农业生产托管为主的农业社会化服务发展。多主体与商业银行主动对接,积极探索为农业社会化服务组织提供信贷服务途径。"农业生产托管贷"业务主要是面向从事农业生产托管服务的农业社会化服务组织及其法定代表人、实际控制人的贷款业务,实行名单制管理。可采用信用、保证、抵押、质押等方式,也可采用多种担保方式组合担保,同时将农用地承包经营权、宅基地使用权、农房所有权、林木所有权等各类农村产权纳入担保范围。贷款业务设置绿色通道,分"随借随还"和"一次放款、按期还款"两种模式,从调查到审批时间最长不超过3个工作日。银行结合借款人生产经营规模、信誉程度、服务质量等经营状况,将给予贷款利率政策优惠。"农业生产托管贷"业务的推出,将高效解决农业社会化服务组织日常生产经营、托管服务设施建设和设备购置资金不足等难题,为农业生产托管扩大规模、延长服务链条,助推现代农业发展提供了可行的解决方案。山西省长治市屯留区农业生产托管服务中心成立行业服务协会,形成集体信用,对接银行等金融机构,有效缓

解了"贷款难"的问题。

▶ 第四节　农业信息

18 如何定义农业信息？

　　农业信息是指有关农业方面的各种消息、情报、数据和资料等信息的统称。农业信息主要是指农业经济信息，它是对农业生产、加工和销售等及其相关经济活动的客观描述，它反映农业经济运行的变化过程和发展趋势。它伴随市场经济的产生而出现，并与社会经济、社会生活和农业生产经营者的兴衰息息相关。农业信息不仅泛指农业及农业相关领域的信息集合，在信息技术得到广泛应用的今天，还特指农业信息的整理、采集和传播等农业信息化进程。

19 获取农业生产托管服务相关信息的渠道有哪些？

　　一是国家统计局，可以访问国家统计局的官方网站，查询农业相关数据。二是相关农业部门，可以咨询当地农业部门，了解农业政策、种植技术、生产情况等信息。三是农业期刊，可以查阅相关的农业期刊、论文、报纸等文献资料，了解主要农作物品种、生产技术、市场销售等信息。四是互联网搜索，使用互联网搜索，输入关键词如"农业数据""农产品价格""农业科技"等，可以找到大量的相关数据和信息。五是数据汇聚平台，在搜索页搜索"农业"，会出现不同内容的数据报告，有关于绿色发展、农业用地面积等的内容。

▶ 第五节　保　　险

20 农业保险种类如何划分？

　　农业保险按农业种类不同可分为种植业保险、养殖业保险，按危险性质不同可分为自然灾害损失保险、病虫害损失保险、疾病死亡保险、意外事故损失保险，按保险责任范围不同可分为基本责任险、综合责任险和一切险,按赔付办法不同可分为种植业损失险和收获险。农业保险与农村保险是两个不同的概念,后者以地域命名,是指在农村范围内办理的各种保险的总称,不仅含农业保险,还包括乡镇企业、农业生产者的其他各种财产、人身保险。而农业保险的承保范围包括种植业(如水稻、小麦等粮食作物和棉花等)、养殖业(牲畜、家禽、鱼、虾等)。农业保险属于在风险发生造成损失的情况下,可由保险公司赔偿的一类保险,适合广大农民购买。农户单独购买农业保险的情况一般较少。通常在农户自愿的情况下,以村为单位统一投保,投保单位与承保公司签订保险合同,投保农户与承保公司签订保险合同,投保人应及时缴纳承担的保费。

21 如何解决好农业生产托管中的保险难题?

(1)提高保险标准。推动保险机构在国家政策性保险的基础上叠加商业补充保险,将风险保障覆盖产量风险和价格风险,让投保的农业生产经营主体"旱涝保收"。将完全成本保险与商业补充保险相结合,提高小麦和水稻等粮食作物的保障金额。

(2)制订"一揽子"综合保险方案。引导保险机构由单一"保农业生产"向"保全产业链"延伸,积极整合涉农保险产品,制订托管"一揽子"综合保险方案。通过开展"一揽子"综合保险,为托管生产经营主体提供风险保障。

(3)提供快速便捷的保险服务。协调保险机构优化"大托管"保险投保流程,设置投保数据核实环节,并将单个托管经营主体的投保时效缩短,足不出户通过线上承保。将政府相关部门、金融机构、保险机构集中起来合署办公,现场解决托管经营主体在保险中遇到的问题,为托管经营主体提供优质高效的服务。

位于安徽省淮南市毛集实验区焦岗湖镇的臧巷村,土地肥沃,适宜农作物生长,土地种植面积共4666亩。2019年8月,该村成立股份经济合作社,主营业务为集体资产经营与管理、集体资源开发与利用、农业生产发展与服务、财务管理与收益分配等。2021年9月21日,该股份经济合作社首次在中国建设银行办理了由安徽省农业信贷融资担保有限公司提供担保的"裕农快贷(集体抵质押版)",金额为300万元,2022年6月7日到期后办理了续贷手续。作为全市农村土地托管项目试点村,目前臧巷村已托管土地面积达3982亩,合作社与13个托管农户均签订了托管协议,按900元/亩的租金给付农户,同时村集体与安徽省农管家农业

服务有限公司签订了生产托管服务两方合同并购买了粮食保险,为粮食收益和农户收入提供了有效保障。

22 农业保险如何服务农业生产托管?

随着中国农业现代化的不断推进,土地生产"大托管"已成为当前农业发展的热点。在这种模式下,农户将自己的耕地、种植技术和生产资料等托管给专业的农业生产服务公司或合作社,由其负责农业生产的全程管理和运营。而农业保险为农业生产提供了风险保障,防止种植经营者因自然灾害导致破产和返贫,进一步提升了种植经营者的风险管理能力。

(1)农业保险为土地生产"大托管"提供了风险保障。农业生产过程中难免会遇到各种自然灾害和意外事件,如干旱、洪涝、虫害、疾病等,这些都可能对农业生产造成重大影响。而农业保险可以为农户提供相应的保险产品,如农作物保险、养殖业保险等。意外一旦发生并造成损失,农户可以获得相应的赔偿。农户的经济风险从而大大降低。

(2)农业保险还可以为土地生产"大托管"提供增信功能。农业生产需要大量的资金投入,包括种子、化肥、农药、劳动力等,这些都需要农户自己承担。而如果采用土地生产"大托管"的方式,生产经营者可以通过托管主体,采用"保单质押""保单增信"等手段,从银行获取贷款。这样即可解决生产经营者"贷款难""贷款慢""贷款周期短"等问题,从而减轻农户的经济负担。

(3)农业保险还可以促进土地生产"大托管"的发展。作为一种新兴的农业生产模式,土地生产"大托管"在实践中还存在一些问题和挑战,如管理不规范、风险控制不足等。而农业保险可以通过提供专业的风险评估和管理服务,帮助农业生产服务公司或合作社提高管理水平和风险控制能力,推动土地生产"大托管"健康快速发展。

第三章 农业生产托管

▶ 第一节 发展农业生产托管服务的重要性

23 推进农业生产托管有何意义？

（1）有利于引领普通农户参与农业现代化进程。随着农村青壮年大量外出务工，农业劳动力呈现出老龄化、兼业化趋势，有的地区出现了农业劳动力短缺。发展农业生产托管，可以通过服务组织的专业化服务将先进、适用的品种、技术、装备等要素导入农业生产，切实解决小农经济经营方式粗放、生产效率低等问题。

（2）有利于促进服务规模经营发展。开展农业生产托管，通过服务组织提供专业化、规模化服务，形成了既不流转土地经营权，又能发展适度规模经营的新路径，满足了一些农户继续从事家庭经营的愿望，同时让农户分享到规模经营的收益。

（3）有利于促进农业节本增效。通过开展托管服务，服务组织可以集中采购农业生产资料，降低农业物化成本；可以采用先进农作技术，充分发挥农业机械装备作业能力，降低生产作业成本；可以采用新品种、实行标准化生产，提高农产品产量和品质，实现农业节本增效。

（4）有利于推进农业绿色生产发展。农业绿色发展是一项长期战略任务。专业化的农业生产托管服务组织技术装备先进，统防统治、科学施肥等绿色生产技术的应用推广能力强，可以有效克服部分农户缺乏科学使用农资、绿色防控病虫害等先进技术的困难，实现控制农业用水总量和农田灌溉用水水质达标，化肥、农药减量使用，畜禽粪污、农膜、农作物秸秆基本得到资源化、综合循环再利用和无害化处理，促进农业绿色生产和可持续发展。

24）为什么说发展农业生产托管服务是保障国家粮食安全和重要农产品有效供给的重要举措？

随着农业生产成本不断上涨，粮食等重要农产品的比较效益越来越低，导致农业生产主体积极性不高，保障国家粮食安全和重要农产品有效供给面临严峻挑战。从目前形势看，降成本、增效益是保供给、固安全的关键。发展农业生产托管服务，通过服务主体集中采购生产资料，可以降低农业物化成本；统一开展规模化机械作业，可以提高农业生产效率；集成应用先进技术，开展标准化生产，可以提升农产品品质和产量，实现优质优价。农业生产托管服务已成为促进农业节本增效、农民增产增收的重要举措。

25）为什么说发展农业生产托管服务是促进农业高质量发展的有效形式？

与农业高质量发展的要求相比，我国农业面临化肥和农药用量大、利用率低，技术装备普及难、应用不充分，农产品品种杂、品质不优，以及农民组织化程度低等问题，迫切需要用现代科学技术、物质装备、产业体系、经营形式改造和提升农业。实践表明，农业生产托管服务的过程，是推广应用先进技术装备的过程，是改善资源要素投入结构和质量的过程，是推进农业标准化生产、规模化经营的过程，也是提高农民组织化程度的过程，有助于转变农业发展方式，促进农业转型升级，实现质量兴农、绿色兴农。

26）为什么要坚持市场导向？

（1）有利于提高市场效率。市场导向可以鼓励农业生产者适应市场竞争，提高生产效率和质量。通过市场化的手段，农产品的价格和供应量将得到更有效的调节和分配，提升行业效率，增加农业收入。

（2）有利于促进产业升级。市场导向可以促进农业向品质、品种、科技集约经营等方面升级。这样可以提高农业生产效能，增加农民的收入，优化农业结构，提升产业附加值和国际竞争力。

27）发展农业生产托管要遵循的指导思想是什么？

以习近平新时代中国特色社会主义思想为指导，全面贯彻党的二十大精神,深入贯彻新发展理念,以推动农业高质量发展为主题,以推进农业供给侧结构性改革为主线,以培育农业服务业战略性大产业为目标,以聚焦农业生产薄弱环节和服务小农户为重点,按照引导、推动、扶持、服务的思路,大力培育服务主体,积极创新服务机制,着力拓展服务领域,加快推进资源整合,逐步完善支持政策,发展多元化、多层次、多类型的农业社会化服务,以服务带动型规模经营的快速发展,引领农业生产经营的专业化、标准化、集约化和绿色化,促进小农户和现代农业有机衔接,为全面推进乡村振兴、加快农业农村现代化提供有力支撑。

28 发展农业生产托管的主要思路是什么?

(1)坚持市场导向。充分发挥市场在资源配置中的决定性作用,引导资本、技术、人才等生产要素向农业社会化服务领域集聚,推动服务供给与需求有效对接。同时发挥好政府作用,着力培育、支持、引导服务主体发展,强化行业管理,规范服务行为,优化市场环境,促进行业健康发展。

(2)聚焦服务小农户。以服务小农户为根本,把引领小农户进入现代农业发展轨道作为发展农业社会化服务的主要目标,把服务小农户作为政策支持的重点,着力解决小农户生产现代化难题,促进农民增产、增收。

(3)鼓励探索创新。推动农业社会化服务内容、服务方式和服务手段创新,推进信息化、智能化同农业社会化服务深度融合,鼓励新技术、新装备、新模式推广应用,促进农业社会化服务提档升级。

(4)引导资源共享。用共享的理念、创新的机制、信息化的手段,在更大范围整合存量资源、盘活各类要素,实现共享利用、效率提升。推动各类服务主体通过联合合作、组织重构和模式创新等方式,促进功能互补、形成合力。

29 农户在托管服务进程中有何重要作用?

农户在托管服务进程中主要承担被服务者的角色,属于委托方,委托服务主体对闲置土地进行农业生产托管服务。农户主要提供了重要的农业生产要素,即土地资源。农户同时拥有一定的决策权利,有权要求服务主体如何种地、怎样种地,以及选用何种原材料种地。

30 什么是适度规模经营?

适度规模经营是在一定的适合的环境和社会经济条件下,各生产要素(土地、劳动力、资金、设备、经营管理、信息等)的最优组合和有效运行,取得最佳的经济效益。因土地是农业生产不可替代的生产资料,故农业规模经营在很大程度上指土地规模经营。

31 什么是土地规模经营?

土地规模经营指经营主体为实现最佳经济效果而选择合理的土地经营规模的一种经济现象和经济活动。这是相对于一定的自然、技术、经济及社会条件而言的。理论上,它是西方规模经济理论的延伸和应用。

32 什么是服务规模经营?

服务规模经营模式中农户依然是独立经营主体,土地的经营权不发生让渡行为,农户将农业生产中的部分或全部作业环节委托或"外包"给服务组织完成,由服务组织通过土地的集中连片实现各生产环节的规模化标准化作业,最终实现农业规模经营。目前,服务规模经营在实践中的主要形式是农业生产托管。

33 土地规模经营和服务规模经营,哪一种更适合我国农业农村的发展现状?

近年来,广大农户自发探索出了多种经营模式以实现农业规模经营,比如土地转包、转让、出租、互换等多种流转方式。但受农用地承包经营制度的影响,在"三权分置"条件下,现行政策更多的是鼓励农户农用地经营权向种田大户、合作社或家庭农场等新型经营主体流转,一些地区还会将整村的耕地流转至村集体。不过,土地经营权的流转就意味着农户无法再从自家承包的土地中获取农作物的收益,而只能收取较为固定的土地流转金。现行土地流转模式下,一些就近转移或季节性务工的农户,依然保留着从事农业生产的积极性,但他们已无法从土地规模经营模式中分享规模经济的收益,所以这种土地流转模式无法满足所有农户的规模经营需求。

与土地规模经营相比,服务规模经营更加适应当前我国农业农村的现实状况。首先,服务规模经营能够在保证农户土地承包权、经营权和收益权等权能不变的基础上,满足农户"离乡不离田、不种有收益"的强烈愿望,农户的接受程度更高。其次,服务规模经营对农业经营者来说成本更低,土地规模经营中经营主体需要承担土地的流转费用,当前日益上涨的土地租金成了规模经营主体收益下降的主要原因。对农户而言,土地规模经营只能为其带来固定的流转金收益,而服务规模经营模式中,农户仍然拥有农业生产的最终收益及其支配权。最后,服务规模经营中劳动力转移的适用度更高、弹性更大,农户可以根据需要选择全部或者部分作业环节接受社会化服务。

34 近年来,各地为解决承包地细碎化这一难题,开展了一些探索,在地方探索中获取了什么经验?

"先试点探路、再总结推广",是农村改革取得成功的重要经验,解决承包地细碎化也遵循了这一有效路径。近年来,各地为解决承包地细碎化,开展了积极探索。例如,江苏盐城通过"小田变大田",在保障农户承包权益的前提下有效满足了不同经营主体的种地需求;安徽蒙城通过"互换并地"实现了"一户一块田";湖北沙洋采取"按户连片耕种"的方式,有效解决了自耕农户分散经营不便的问题。这些做法,总结起来可以分为两种路径。一是承包权不动、经营权连片,即各户承包地承包权不动,通过流转经营权实现集中连片。二是土地承包权互换、承包地连片,即通过互换承包权的方式实现承包地集中连片耕种。从各地实践看,解决承包地细碎化以"承包权不动、经营权连片"的路径为主,这一路径具有多方面的优势。一是风险小,保持农户承包权不动,最大限度稳定了农村土地承包关系,给农户吃下"定心丸",不易引发风险。二是易操作,农户与农户之间、农户与村集体经济组织或新型农业经营主体之间只需签订土地经营权流转合同,程序简单,流程清晰,操作难度较小。三是成本低,如保持承包权不动、仅将经营权集中连片,可以最大限度利用承包地确权登记颁证成果,有效节省重新测绘、换证、登记等费用,降低工作成本。这一路径很好地把握了政策界限,同时兼顾了可操作性和改造成本,既契合了党中央关于保持土地承包关系稳定并长久不变的政策要求,也丰富了承包地"三权分置"的有效实现形式,还适应了广大农户"稳定承包地财产权和集中连片耕种"的双重需求,可在有条件的地方稳步推广。

35 在解决承包地细碎化试点中,各级农业农村部门和农村集体经济组织应当分别发挥什么作用?

解决承包地细碎化是一项系统性工程,需要政府、村集体、农户和承包地经营者等多元主体协同推动。各级农业农村部门要做好工作指导、宣传培训、试点组织、政策支持和风险防范等工作。《农业农村部关于加快发展农业社会化服务的指导意见》明确,省级农业农村部门可根据实际情况,将符合条件的试点地区纳入土地整治、高标准农田建设等项目支持范围。农村集体经济组织是农村集体土地所有权的行使主体,在协调承包农户整合地块、整理土地方面具有天然的组织优势。在推进解决承包地细碎化过程中,要充分发挥农村集体经济组织的统筹协调功能,做好试点组织实施工作,科学合理分配收益,化解矛盾纠纷,防范经营风险,切实维护好农户土地承包权益。

▶ **第二节　农业生产托管服务与农业现代化的联系**

36 什么是农业现代化?

农业现代化指由传统农业转变为现代农业,把农业建立在现代科学的基础上,用现代科学技术和现代工业来装备农业,用现代经济科学来管理农业,创造一个高产、优质、低耗的农业生产体系和一个合理利用资源、保护环境、有较高转化效率的农业生态系统。这是一个牵涉面很广、综合性很强的技术改造和经济发展的历史过程。农业现代化既是一个历史性概念,也是一个世界性概念。农业现代化的目标是建立发达的农业、建设富庶的农村和创造良好的环境。农业现代化是一个相对性比较强的概念,其内涵随着技术、经济和社会的进步而变化,即不同时期有不同的内涵。从这个意义上讲,农业现代化只有阶段性目标,而没有终极目标,即在不同时期应当选择不同的阶段目标和在不同的国民经济水平层面上有不同的表现形式和特征。根据发达国家现代农业的历史进程,一般可将农业现代化分为五个阶段,即准备阶段、起步阶段、初步实现阶段、基本阶段及发达阶段。一个国家或地区要推进农业现代化进程,必

须分析区域社会经济发展水平,特别是农业发展现状,只有这样才能做出符合实际而又便于操作的决策。

37 现代农业发展中农业生产托管有何重要作用?

(1)通过农业生产托管提升农户经济效益。通过科学的农业生产托管服务,可执行统一种植选种、统一农药喷施、统一农资供应、统一标准作业、统一农机服务的"五个统一"生产模式,不仅可以提升农业生产管理的专业水平,还可推动农业生产的规模化、科学化发展,实现"三减、三降、三增"的目标。

其中,"三减"就是通过使用绿色病虫害防治技术、测土配方施肥技术、新型无公害肥料等来实现保护当地生态环境目标,并且通过收获运输、烘干、储藏环节一体化模式,大幅度减少这三个过程中存在的农业资源损耗问题。

"三降"即为通过统一农业资源采购,有效节约农资费用。同时,通过大范围、连片规模作业来降低农机使用成本,从而利用专业的农业生产服务组织来降低农户的种地务工成本。

"三增"指通过良种、良法、良技、良田四位一体的配套栽培服务,增加种植产量,并通过与粮食收储加工企业合作,以订单生产的方式来实现优质、优价的目标,从而进一步增加农民的实际收入。同时,利用绿色综合防控技术还可有效减少农药用量,也是增加农业生产效益的重要途径之一。发展农业生产托管服务,将农户从土地经营的束缚中解放出来,让农户获得稳定托管收益的同时,可利用更多的时间外出务工、经商。不仅节省了大量人力、物力,还保证了农户一定的经济收入。

(2)通过农业生产托管增加农业发展活力。农村劳动力老龄化严重一直是农业经济发展中重要的阻碍因素之一,通常从事传统农业生产的农户,大部分为60岁以上的老龄人员,其文化水平相对较低、新事物接受能力较差,普遍具有思维僵化、古板的特点。因此,其所从事的农业生产活动,主要依据传统种植经验,无法有效掌握现代化农业技术,与当前农业发展所需出入较大。此外,虽然有部分从事农业生产的年轻人群,但是其农业生产活动多半为副业,学习、钻研、应用新型农业生产技术的积极性较低。即便国家出台了多项优惠政策、补贴政策,切实提供技术培训、基础资金等,其农业生产管理依旧较为粗放。这种情况是目前较为严重的农业生产问题之一。通过农业生产托管服务,服务经营主体可确

实使用现代农业新技术,并合理配备相应的农业装备,依托于科学、有效的管理经验、专业技术等,农业生产活动得到良好发展。而且,服务经营主体与普通农户相比,积极性、主动性更高。

(3)通过农业生产托管保证生态效益。生态环境保护与可持续性发展,是我国重要的农业发展目标。在以往的农业生产活动中,农户很少主动进行秸秆还田工作,或是没有掌握秸秆还田技术,因此往往会寻找机会继续焚烧秸秆。不仅会造成大面积的生态环境污染,甚至还可能会引发严重的火灾事故。而农业生产托管服务,通常会将秸秆还田纳入基础服务项目,不仅有效解决了农户的秸秆处理问题,还有效解决了生态环境污染问题。同时,由于集约化、规模化生产,在农药、化肥等方面的选用更加注重绿色无公害,因此也在一定程度上推动了农业的可持续性发展。

38 为什么发展农业生产托管服务是实现中国特色农业现代化的必然选择?

"大国小农"是我国的基本国情、农情,"人均一亩三分地,户均不过十亩田"的小农生产方式,是我国农业发展需要长期面对的基本现实。这决定了我国不可能在短期内通过流转土地搞大规模集中经营,也不可能走一些国家高投入、高成本、家家户户设施装备小而全的路子。当前,最有效的途径就是通过发展农业生产托管服务,将先进适用的品种、技术、装备和组织形式等现代生产要素有效导入小农户生产,帮助小农户解决一家一户干不了、干不好、干起来不划算的事,丰富和完善农村双层经营体制的内涵,促进小农户和现代农业有机衔接,推进农业生产过程的专业化、标准化、集约化,以服务过程的现代化实现农业现代化。

▶ 第三节　农业生产托管的主要统计指标

39 如何理解农业生产托管统计的主要指标?

(1)农业生产托管服务面积。农业生产托管是指拥有土地经营权的农户或新型经营主体,将农业生产过程中的耕、种、防、收等一个或多个环节的农事活动,以有偿方式委托给具有相应服务能力的农业组织或个人代为完成的一种农业服务方式。其服务面积通过设定综合托管系数（依据农业机械化水平、各环节农业生产服务成本等因素确定），对耕、种、防、收各环节面积加权计算得出。计算公式为 $S=0.36\,S_1+0.27\,S_2+0.1\,S_3+0.27\,S_4$。其中，$S$ 为农业生产托管服务面积，S_1、S_2、S_3、S_4 分别为耕、种、防、收各环节托管服务面积。

（2）按服务环节划分的托管服务面积。按服务环节划分的托管服务面积指耕、种、防、收四环节托管服务面积。其中，农户接受服务的面积指各环节中委托方为农户、受托方为服务组织的服务面积。

（3）农作物实际播种面积（含复种）。农作物实际播种面积指农业生产经营者应在日历年度内收获农作物在全部土地（耕地或非耕地）上的播种或移植面积。需要说明的是，这里所指的农作物主要是谷物、豆类、薯类等粮食作物和棉花、油料、糖料等经济作物，不考虑是否托管，只要播种都应统计在内。播种面积可通过农经系统由基层起报，也可参考统计局公布的农作物播种面积进行分析填报。

（4）托管率。计算公式为"托管率=托管服务面积÷农作物实际播种面积"。

（5）服务组织数量。服务组织数量指提供农业生产托管服务的各类服务主体数量，这里的各类服务主体主要包括农村集体经济组织、农民合作社和农业企业，不包括没有直接提供托管服务的中介组织、专业化服务能力不强的农户。

（6）服务对象数量。服务对象数量指接受托管服务的各类主体数量，包括接受农业生产托管服务的农户数量和各类新型经营主体数量。

▶ 第四节　利益分配

40 农业生产托管中典型的利益分配模式有哪些？

农业生产托管能够实现服务组织与服务对象之间的共赢，而合同是保障这一共赢利益分配格局得以稳定实现的关键。基于典型案例分析，将农业生产托管中的利益分配模式划分为无收益约束型、监督主体介入型、保底产量型、"保底产量+分红"型及合同外附加收益型，这五类利益分配模式中服务监督主要形式、服务监督强度、剩余控制权归属及利益

分配模式普适性等条件各异。

(1)无收益约束型。无收益约束型是指农业生产托管服务组织和服务对象在合同中不对产量等收益指标做硬性约束,仅在服务条款中列出常规性、笼统性要求,如要求服务组织按照服务对象的要求保质保量完成作业服务,并接受服务对象的监督,服务对象则按合同要求支付服务费用等。这是一种理想化、简单化、普遍化的利益分配模式,其运行依靠托管服务供需主体之间的信任,即各自的声誉资本,体现的是一种非正式制度约束。该模式对服务对象的利益保障程度较弱,这就决定了初始阶段的农业生产托管服务组织存在于熟人社会关系网络之中,以血缘、亲缘、地缘关系为纽带开展农业生产托管服务。

(2)监督主体介入型。在农业生产托管服务合同实施过程中,服务对象一般有权对托管服务组织的作业服务质量进行监督并提出合理要求,但从农业生产托管产生的现实背景来看,通过服务对象跟踪监督服务质量不切实际。对于老弱群体而言,购买农业生产托管服务的根本动因在于解决劳动力短缺难题,该情形尚能做到托管服务实地监督。但对于希望通过托管服务实现劳动力长期稳定在外就业的服务对象而言,作业监督与托管初衷相矛盾。此外,农业生产的周期性将导致托管服务完成与种植收获之间存在较长的时间差,进一步增加了服务监督难度。第三方监督主体的介入可以实现对农业生产托管服务质量的有效监督,尤其是在托管合同没有保底产量或收益约束的情况下,第三方监督起到了有效保障服务对象基本利益的作用,但是利益保障程度还要视服务监督力度而定。村"两委"是监督主体介入型中较为常见的第三方监督主体。

(3)保底产量型。在农业生产托管发展初始阶段,为赢得服务对象的信任,除依靠自身声誉资本之外,托管服务组织还会通过允诺保底产量的方式让服务对象放心,保底产量按照当年粮食市场行情折合成具体货币收入。在该模式下,农业生产自然风险完全由托管服务组织承担,托管服务产出完全由服务对象占有,风险收益不对等。保底产量型是典型的风险与机遇并存型,实行保底产量型的服务组织需要具有较强的抗风险能力,能够承担各种潜在的托管风险损失。

(4)"保底产量+分红"型。部分托管服务组织在向服务对象提供保底产量的基础之上,还会对超过保底产量的部分收益进行分配界定,超产部分收益在服务组织与服务对象之间进行分配,服务组织享受一定的剩余分配索取权。该模式具有激励相容属性,能够进一步激发农业生产托管服务组织的生产积极性,起到了对托管服务监督的作用。"保底产量+分红"型在一定程度上实现了利益共享,是目前较为常见且受欢迎的农业生产托管利益分配模式。

(5)合同外附加收益型。在农业生产托管利益分配方面,部分地区除合同具体要求外,还通过农业生产托管项目资金调剂生产托管参与主体间的利益分配,使托管服务对象享受合同外附加收益。这种利益分配方式具有较强的政策随机性和地区随机性,受政策外生冲击较强,一旦相关支持政策取消,合同外附加收益就会失去资金来源,农业生产托管利益分配完全由合同决定。

41) 进行收益分配有哪些实施步骤?

(1)测算粮食产量。粮食收获前,乡镇农技人员、村集体经济组织负责人、农户代表、托管主体和保险公司业务人员共同进行粮食测产,为开展保险赔付和收益分配提供依据。

(2)开展收益分配。销售款项在支付贷款利息、保险费用、生产资料费用及各项服务费用后,剩余资金原则上归农户所有。农户、村集体经济组织、托管主体对粮食收益分配有具体约定的,按照约定分配。

42) 农业生产托管过程中是否有二次分红?

农户把土地"托管"给基层供销社,供销社联合村"两委"共建农民合作社,农民合作社以农资、资金、技术、销售等入股,农民以土地经营权入股,村集体以电力、水利设施等入股,聘请参与管理的村干部以机械、管理等入股,享受到每亩土地900元或1000元的保底收益后,还能享受到二次分红,全年盈利再按合作社、村级集体、参与管理的村干部、入股农民约定比例承担盈亏,各方的利益都得到了有效保障与约束,实现了社村共建和土地托管工作的相互促进。"保底收益+二次分红"的股份式托管模式,成为耕地专职"田管家",既提高了产出效益,又有效带动了村集体经济发展和农民增收致富。

43) 农业生产托管服务如何确保收益?

(1)通过购买农业保险。例如山西省长治市屯留区推动当地保险公司设立了"成本商业保险""完全成本保险"。"成本商业保险"为农业生产托管玉米高产示范田险种,托管服务主体只须承担每亩23.5元的保费,

就可享受每亩650千克的产量保险，产量不足部分将按照每500克1.3元赔付；高粱种植"完全成本保险"，服务主体承担每亩30.5元的保费，去年水灾后高粱歉收，相关服务主体每亩收益不足800元的部分由保险赔付。

（2）通过签订托管合同，确定保底收益。合同具有一定的法律效益，农户与村集体经济组织、托管服务组织按照约定的收益比例签订相关合同。

44 在开展解决承包地细碎化试点中，如何切实维护好农民的权益？

农民是土地的主人，开展解决承包地细碎化试点，应由农民说了算，让农民自主讨论决定搞不搞、怎么搞、如何经营耕种等重大问题。具体程序主要分为以下几点。一是尊重农民意愿。各地组织开展解决承包地细碎化试点，必须坚持农民主体地位，把选择权交给农民，充分调动农民群众积极性、主动性，多"示范引导"，少"整齐划一"，坚决不搞"强行推动"，不得损害农民权益。二是不能打乱重分。要落实好中央关于保持土地承包关系稳定并长久不变的政策要求，坚决防止借解决农户承包地细碎化之机搞打乱重分，这是我们土地承包政策的底线，不能触碰。三是规范工作程序。拟开展试点的村组，应当依法经本集体经济组织成员的村民会议三分之二以上成员或者三分之二以上村民代表同意，方可组织开展试点。凡是涉及承包农户的事项，均要做到政策解读到户、征询意愿到户、信息核实到户、签字确认到户，保证程序合规、农户认可。

45 通过打破田埂、平整地块会新增一些可耕种面积，由此产生的新增收益怎么分配？

通过解决细碎化，小地块之间的田埂、垄沟等得到整平，沟壑、水渠和小路得到复垦，实现了农地可耕种面积的增多和收益增长。据各地试点，平整后的土地可耕种面积一般可增加3%～5%。对于这部分新增的面积和收益，农村集体经济组织要在充分尊重农民意愿的前提下，依法依规通过民主协商决定，要坚决杜绝少数人私相授受，损害农民权益。

46 农业生产过程中利益分配比例有哪些？

（1）农户有保底收益，其余盈利按3∶3∶4的比例分红。生产托管模式是在不流转土地的情况下，由村集体把零散的小农户土地集中起来，生产各个环节全部托管给服务组织,除了农户有保底收益外,其余盈利部分村集体经济组织占三成、服务公司占三成、农户占四成。这种农业生产全环节托管是一种"专业服务公司+村集体经济组织+党支部领办合作社+农户"全程托管服务实现规模化经营的新模式,形成了利益共同体,不仅探索并破解"谁来种地""怎样种地"等难题,还可以通过土地收益按比例进行保底收益加盈余分红的方式,为农民和村集体带来持续稳定的收益。

(2)农户、托管服务公司、村集体按10:9:1的比例分红。例如安徽省蚌埠市五河县金丰公社农业服务有限公司与五河县单台村首批"试水"33户村民签订土地全托管服务协议,累计托管约193亩耕地。按照双方约定,村民以土地入股,实行"保底租金+收益部分",扣除全部种植成本后,纯收益部分按照农户、金丰公司、村集体10:9:1的比例进行分红。据核算,全年化肥用量减少12%,农药用量减少8%。夏季小麦平均分给农户每亩收益486.37元,秋季高粱平均分给农户每亩收益633.01元,年每亩农户收益达到1119.38元,实现了让农民增产增收的生产目标,同时降低能耗、减少农业污染。

(3)按3:7或1:2:7的比例分红。根据安徽省淮南市往年种植结构,以主要农作物小麦和水稻轮作模式为例分析:小麦每亩产量350千克,市值800元;水稻每亩产量550千克,市值1400元。财政补贴200元,合计总产值2400元。如按亩均给农户保底收益600元,麦稻所有生产环节总成本合计1680元,每亩利润为720元。若村集体自营与农户分红比例按7:3,与托管分红比例按1:2:7,则当村集体与服务组织合作经营时收益大约为154元/亩,同时农户可获得672元/亩的收益;而当村集体自营时收入可达504元/亩,农户获得816元/亩的收益。

▶ 第一节　土地托管

47 什么是土地托管？

　　土地托管，是指部分不愿意耕种或没有能力耕种土地的农民，自愿以土地入股加入合作社，把土地托付给种植专业合作社或农机服务专业合作社经营。一种方式是农民放弃经营，与合作社签订托管合同，由合作社全面接管经营，农民秋后按照合同进行收益；另一种方式是农民把土地托付给合作社进行单项管理，农民付给合作社管理费用，农民自己进行收益。所有的托管都是在不改变农民土地承包权、收益权和国家惠农政策享有权的前提下进行的。

48 土地托管是否需要转移土地承包经营权？

　　无论是把土地出租还是入股都可以认为是农民对土地承包经营权的一种转移，前者让渡的是承包期，后者则转移了部分经营权，这在事实上造成了农民失地。而土地托管不涉及土地承包经营权，平衡了土地的商品属性和生活保障属性，既实现了规模经营和土地效益最大化，又消除了农户对长期流出土地的担忧，顺应了农民的恋地情结，维持了农用地对于农民的生活保障基本功能。

49 土地托管与土地流转的区别是什么？

　　土地托管与土地流转有着本质上的区别。土地流转是土地经营权的转让或买断，即承租人（农民专业合作社、家庭农场或其他从事农业生产经营者）用资金一次性买断农民的土地经营权（一年或多年），也就是我们所说的"买地经营"。

（1）资金流动方向不同。土地流转的核心是土地租金，承租人流转了农户的土地经营权，承租人要支付租金给农户，农户若是流转自己的土地，则只是收钱（租金）。而土地托管与土地流转在资金流动方向上完全不同。参与土地托管的农户只须将托管费用交付于托管服务主体，农户可得收益。

（2）成本、风险不同。土地流转成本高，一次性支付土地租金，农业生产需要大量资金进行前期投入。以目前吉林省松原市的土地流转经营价格来看，一般一类土地大田在 $0.4 \sim 0.5$ 元/米^2，水田在 $0.6 \sim 0.8$ 元/米^2。土地流转是农户以土地入股农民专业合作社，由合作社进行经营管理。而土地托管是由合作社为农户开展全程或菜单式单项经营管理服务。采取全面托管的模式，如果有任何风险，都是由合作社和农户共同承担；采取菜单式托管服务的，则是由单个农户自己承担风险。实践证明，通过土地托管这种经营模式，可以让合作社与农户抵御风险的能力得以提升。所以，土地托管经营是当下适合国情、市情并可以广泛推广的一种土地经营模式。

（3）土地权益转移程度不同。土地流转对于农户来说是完全转移了土地权益，一旦承租人因资金链断裂或其他原因导致生产经营停滞或放弃耕种土地，就会导致土地撂荒。因此，党中央、国务院每年出台的中央一号文件都是关于农业、农村、农民相关问题的重大战略决策，就是要解决当前和今后一个时期"地谁来种"和"地怎么种"的问题。

（4）农业生产经营收益和分配不同。土地流转与土地托管最大的区别是农业生产经营收益和分配不同。土地流转可以大面积承包经营土地，也能够在实现农业规模化、标准化以及农业机械化、现代化上发挥巨大作用。但是，土地流转后，土地经营的收益全部归经营者（风险也由经营者自己承担），而农户在将土地流转后，只能得到土地价值本身的收益，而不能像以土地入股加入合作社的农户，在得到土地本身收益的同时，还可以获得二次或三次分红。

▶ 第二节　主要托管模式分类

50) 重点支持的托管模式有哪些?

在实践中,服务主体和农民群众探索形成了单环节托管、多环节托管、关键环节综合托管和全程托管等多种托管模式。各地要依据农业劳动力状况、农户的生产需求、服务组织的服务能力等因素,科学确定在本地区重点支持推广的托管模式。例如,对于农户家庭经营意愿较强的地区,可以从推广单环节托管、多环节托管入手,逐步转变农户的生产经营方式,逐步扩大托管服务覆盖面;对于农业劳动力转移程度较高的地区,可以重点推广关键环节综合托管、全程托管等模式,切实解决"种不了地"和"种不好地"等问题。

51) 什么是全程托管?

农业生产的耕、种、防、收等生产作业环节,都交由受托方来完成,土地委托方(农户)向受托方订购耕、种、防、管、收等全套农业生产服务项目,整体交费。委托方在支付一定的托管费用后,在收获后,可以从受托方获得约定的粮食或者相应的折价。受托方一般是农业社会化服务项目较全的组织或个体,主要是农业社会化服务的一级供应商。土地托管就是全程托管的模式之一。

52) 什么是菜单式托管?

农户自己经营土地,因缺少农业生产设备或其他原因,通过农民专业合作社或家庭农场为自家开展单项或多项生产服务。例如,春播、统防统治、田间灌溉和农机服务等。农民在土地托管过程中要与托管方签订服务协议,并向托管方支付一定的费用。

53) 什么是入股式托管?

与其他经营方式相比,农民土地的使用权交至托管经营主体,农民不得干预土地作物种植种类,土地所有权和使用权分离。这种托管模式对农户的思想开放程度要求较高,因此,此种农业生产托管方式覆盖的

地区较少。

54 什么是劳务托管模式？

劳务托管模式又称"菜单式半托管"。在该模式中，农户与托管服务主体达成劳动服务协议，服务主体承包播种、育种、育秧、整田、栽秧、插秧、施肥、打药、收割等种植过程所需劳动作业的主要环节，种植户自身承担劳动服务费、种子、农药、肥料等费用，农业收获归农户所有。

55 什么是订单托管模式？

在订单托管模式中，农户将农业生产过程中某个时段的劳务项目委托给托管方，托管方按劳务项目获得报酬。此模式让农户更易接受，但选择的多样性导致管理难、利润点低。

56 全程托管有何作用？

在广大农村，一些农户或是年龄过大，或是需要外出打工，因此"无力耕种"或"无暇耕种"自己的土地，造成了土地撂荒等现象。全程托管的出现能够很好地解决这个问题。全程托管不仅可以解放农村劳动力，使在外打工的兼业农户可以安心工作，节省误工费用和交通费，或者使在家务农的青壮年外出务工，还能够利用先进的技术装备发展农业生产，通过规模化、节约化经营来降低成本、提高效益，从而使农户获得更多收益。

▶ **第三节　重点环节分类**

57 什么是单环节托管？

拥有土地经营权的农户或新型农业经营主体，将农业生产过程中的耕、种、防、收等某一个环节的农事活动，以有偿方式委托给具有相应服务能力的农业组织或个人代为完成的一种农业服务方式。

58 什么是多环节托管？

土地委托方（农户）根据需要，向受托方订购耕、种、防、收环节中的

部分农业生产服务项目,按服务项目交费。受托方可以是农业社会化服务的一级供应商(如综合服务类合作社、公司),也可以是服务能力相对较弱的二级供应商(如劳务工作队、农机工作队),类似于"按需点菜"。该方式在实践中较为普遍。

59) 什么是关键环节综合托管?

在农业生产中,一些农户依靠自身拥有的设备和技术可以完成绝大多数生产作业,但个别生产环节技术不精。通过开展关键环节综合托管,能够很好地补齐他们在生产中存在的短板,促进农业生产提质增效、转型升级。

60) 多环节托管有何作用?

多环节托管能够优化配置农村劳动力资源。我国农村目前存在着大量想种地但无能力或不愿全程种地的农户,他们离开土地但还没有完全离开土地,离开农村但还没有完全离开农村,对土地还有很强的依赖性,也想在农业生产上获得收益。在客观现实导致其无法高效完成农业生产全部环节的情况下,多环节托管可以将先进适用的品种、技术、装备等要素灵活地导入农业,按照广大农户的需求提供服务,实现资源优化配置,把众多小农户引入现代农业发展轨道。

61) 关键环节综合托管有何作用?

关键环节综合托管能够补齐现代农业发展短板,促进农业生产提质增效、转型升级。例如,部分地区的农业生产机械化率很高,耕、种、收环节能够实现高效作业,但防治环节较差,阻碍农作物产量进一步增长。通过对防治环节开展统防统治等托管服务,能够补齐这一环节的短板,确保农业生产全环节都能够符合现代农业发展的要求。

62) 什么是代耕代种?

代耕代种与土地托管在概念上大同小异,只是在土地交管对象上有所不同,土地托管一般是交给合作社等组织,代耕代种一般交给个人。另外,土地托管之后每年的种植作物由合作社决定,代耕代种的作物一般由土地的主人决定。

63 什么是联耕联种?

联耕联种是在持续稳定家庭联产承包经营的基础上,按照农户自愿的原则,由村组统一组织,以打桩等形式确定界址,破除田埂,将碎片化的农地集中起来,实现有组织的连片种植,再由服务组织提供专业化服务,推进农业生产上联耕联种、联管联营,实现"增面积、降农本,促还田、添地力,提单产、升效益"的新型生产方式。

64 什么是农业共营制?

农业共营制是当前我国农村经济规模化发展的一种新模式,其核心就是在推动现代农业规模经营中,构建土地股份合作社、农业职业经理人、农业综合服务三位一体的新型农业经营体系,破解农业生产经营中"地碎、人少、钱散、服务缺"等瓶颈制约。农业共营制新型经营体系建设,在诸多乡村振兴战略措施中具有举足轻重的连带效应。通过农业共营制,既可以真正立足于乡村本色、实现内生式发展,也可以提高农业附加值、增加农业收益。

65 什么是订单农业?

订单农业又称"合同农业""契约农业",是近年来出现的一种新型农业生产经营模式,是农户根据其本身或其所在的乡村组织同农产品的购买者之间所签订的订单,组织安排农产品生产的一种农业产销模式。订单农业很好地适应了市场需要,避免了盲目生产。签约的一方为企业或中介组织(包括经纪人和运销户),另一方为农民或农民群体代表。订单农业具有市场性、契约性、预期性和风险性。订单中规定的农产品收购数量、质量和最低保护价,使双方享有相应的权利、义务和约束力,不能单方面毁约。因为订单是在农产品种养前签订,是一种期货贸易,所以也叫期货农业。农民说:"手中有订单,种养心不慌。"不过,订单履约有一段生产过程,双方都可能碰上市场、自然和人为因素等影响,也有一定的风险性。计划经济和传统农业先生产后找市场,订单农业则先找市场后生产,体现了农业在市场经济下的进步。

第五章

服务主体

▶ 第一节　服务主体的选择

66 农业生产托管服务主体有哪些?

农业生产托管服务主体是指能够为农户等提供有效稳定服务的社会化服务组织,具体包括农村集体经济组织、专业服务公司、服务型农民合作社和家庭农场等。

67 什么是农业合作社?

农业合作社是新中国成立初期为恢复生产、增强农民抵御自然灾害的能力而成立的农村生产互助组织。改革开放以来,我国农村出现各种农民专业合作社,极大地促进了农村经济的发展。早期的农业合作社是由农民自发组建的小型合作、互帮互助的组织,其前提是土地私有制,即土地是各家各户的,合作社只是在农忙季节调配劳动力。农民专业合作社以其成员为主要服务对象,提供农业生产资料的购买,农产品的销售、加工、运输、贮藏,以及与农业生产经营有关的技术、信息等服务。使千家万户小生产的农民组织起来、团结起来,使农民真正成为千变万化大市场的主体,提高农业标准化、规模化、市场化程度,实现农业增效、农民增收。

68 什么是龙头企业?

龙头企业是指在某个行业中,对同行业的其他企业具有很深的影响、号召力和一定的示范、引导作用,并对该地区、该行业或者国家做出突出贡献的企业,具有规模较大、经济效益较好、带动能力较强等特点。

69 服务主体应满足什么条件?

(1)依法登记注册。服务主体具备法人资格,有固定办公场所。

(2)服务能力较强。服务主体农机作业人员具有与岗位技能相应的资质,拥有与其服务内容、服务能力相匹配的农机装备和技术。年托管服务面积较大,服务农户等农业经营主体反映较好。

(3)运行机制健全。服务主体实行财务独立核算,管理制度健全。严格执行相关农业生产托管服务规范标准,操作规程完善,作业制度健全。实行合同管理,能够按照农业农村部制定的《农业生产托管服务合同示范文本》以及各地自行制定的合同样本与托管对象签订规范合同。

(4)社会信誉良好。服务主体遵纪守法,诚实守信,服务质量受到普遍认可,示范带动作用强。没有发生生产安全事故、破坏生态、污染环境等严重事件,无不良信用记录。

70 选定托管服务主体有哪些实施步骤?

(1)推荐服务组织。县级农业农村部门明确遴选标准,选择一批综合服务能力强、社会信誉好的农业企业、专业合作社、家庭农场等服务组织,建立服务组织名录库,公开推荐给"大托管"示范乡镇。

(2)组织开展洽谈。乡镇政府在县级推荐的基础上,组织引导村集体经济组织与服务组织开展托管洽谈工作。

(3)签订服务合同。村集体经济组织通过公开市场交易、竞争性洽谈,择优选择符合条件的服务组织,签订托管服务协议,建立托管服务关系。

村集体经济组织直接为农户开展托管服务的,不需要再确定托管主体。

71 托管服务过程中如何规范组织实施?

由于农村人口众多,耕地资源总体有限,每户农村家庭的土地并不多,耕地资源总体呈现出"细碎化"的特点。解决承包地细碎化,涉及农户众多,利益关系复杂,必须审慎稳妥推进、做到"有方案、有程序、有档案",把保障农民权益的工作做扎实。在组织实施过程中,一要结合村组实际制订试点方案,明确目标任务、实施路径、进度安排和保障措施等。二要做好调查摸底、宣传动员、拟定方案、民主议决、组织实施、总结验收

等工作,确保试点任务规范有序完成。三要加强档案管理,工作中形成的实施方案、地块示意图、农户签字确认记录、流转合同等资料应严格归档管理,为保障农户权益提供支撑。

72 如何公平选择托管服务主体?

各县(市、区)要公开规范择优选择社会化服务组织作为项目托管服务主体,为培育一批服务能力强、服务范围广、市场化运营规范的社会化服务组织创造良好的市场条件。选定的社会化服务组织应具备以下条件:一是应有一定的社会化服务经验,原则上从事社会化服务两年以上;二是拥有与其服务内容、服务能力相匹配的专业农业机械和设备及其他能力;三是在农民群众中享有良好的信誉,其所提供的服务在质量和价格方面受到服务对象的认可和好评;四是能够接受社会化服务行业管理部门的监管。为促进公平竞争的社会化服务市场的形成,鼓励服务组织跨区域开展服务。

第二节　服务主体的评定与监测

73 农业生产托管服务主体是否需要做好评定与监测工作?

为了培育壮大农业生产托管服务主体,需要做好农业生产托管服务主体评定与监测工作。服务主体是指在农业生产过程中为农户等农业经营主体提供耕、种、防、收等全部或者部分作业环节的托管服务,经农业部门认定的农民合作社、农村集体经济组织、农业服务企业、家庭农场等农业生产托管服务主体。评定与监测坚持公开、公平、公正的原则,实行综合认定。

服务主体可享受各级政府出台的相关优惠政策和资金支持。各有关部门要依据自身职能,积极引导各类资源要素支持服务主体发展。农业部门根据评定监测情况,建立服务主体名录库,加强动态监测、及时更新。

74 如何对生产服务主体进行监测?

(1)监测周期。对服务主体实行动态管理,每两年进行一次监测。

（2）监测内容。农业农村部门对服务主体采取定期统计、情况调度、实地考察、随机抽查、重点督查等方式，对登记注册情况、服务能力、运行机制、社会信誉等情况进行监测。

（3）监测程序。服务主体按照监测年份工作部署，向县级农业农村部门提交监测材料。省、市、县三级农业农村部门对监测材料进行核查，确定监测合格与不合格名单。监测不合格的或者没有按时报送监测材料的，取消资格，移出服务主体名录库。

75 如何培育壮大农业生产托管服务主体？

在农业社会化服务兴起过程中，多元化的新型农业服务主体迅速成长起来，并成为支撑引领农业现代化的骨干力量，包括服务型农民专业合作社、农村集体经济组织、农业服务企业、农业服务专业户、供销社基层组织和下属企业等。应坚持数量和质量并重，明确提出新型农业服务主体发展战略与新型农业经营主体并行，通过示范创建、专项扶持、技能培训、组织创新等提升服务主体发展质量。应注重培育本地服务主体，扶持返乡、下乡、在乡人员创业，处理好外来"大"服务主体与本地"小"服务主体之间的关系，探索共赢融合发展机制，保护好农民合理权益。引导服务主体以资金、技术、服务等为纽带开展联合与合作，推动服务领域拓展和服务链条延伸，实现优势互补、共同发展。建立服务主体名录管理制度，将服务能力强、服务效果好、信誉良好、群众满意度高的服务主体纳入名录库并实行动态管理。加大对优质农业生产托管服务主体的培育力度，开展示范服务主体评选工作。

▶ 第三节 服务主体的参与方式

76 村集体如何参与农业生产托管经营？

村集体在参与农业生产托管经营中，发挥"统"的功能，推进农业生产统一经营。充分发挥村级党组织的组织力、凝聚力和号召力，依托群众对"两委"班子的信任，由村党组织居中牵头，统筹推进"大托管"，实现与分散农户和农业社会化服务主体的双向"托管"。

（1）夯实"大托管"基础。全面推进农村集体产权制度改革，成立村

集体经济合作社,作为村集体参与农业生产"大托管"的平台和载体。选优配强合作社领导班子,合作社理事会理事长由村党组织书记兼任,成员全部由村"两委"班子成员兼任。

(2)完善"大托管"方式。充分尊重农民的意愿,提供差异化的"大托管"服务方式。针对愿意将土地全年委托的农户,村集体经济合作社提供"保姆式"的"两委托两跟进一托底"全程托管服务,农民不再自行耕作,成为省心、省力、省钱的"甩手掌柜";针对每年只想种一季水稻的农户,提供"租赁式"按季托管服务,托管秋季种植小麦至次年午收后再将土地交还农户自行耕种,来年秋季可再续签协议;针对不愿托管土地的农户,签订"代耕代种"协议,提供"管家式"全程机械化服务并按服务项目收取费用。

(3)明确"大托管"程序。坚持"土地承包关系不变、群众自愿、确保利益"的原则,引导农民将耕地生产经营权委托给村集体经济合作社,签订"保底收益+分红"的委托经营协议,村集体经济合作社再集中将耕地划片托管给农业生产服务主体统一开展生产。签订委托经营协议前,村集体经济合作社综合考虑耕地现状、水利条件、周边土地流转价格、拟耕种的农作物品种等因素,确定亩均保底收益并写进协议,约定除去各项生产费用后的盈利部分由村集体经济合作社、农户和农业生产服务主体按照一定比例进行分红。

(77) 股份合作社如何参与农业生产托管经营?

股份合作社是由农户共建,以股份合作社作为经营实体,充分发挥农户在产业链环节中各自优势的一种农业股份合作模式。在这种模式中,股份合作社成为经济实体,占据主导地位。鼓励发展服务型农民合作社,通过项目支持,引导农民合作社积极参与农业生产托管服务,合作社实行"三化"服务模式,即专业化、标准化、产业化,为农业生产托管服务提供了质量保证。

(1)实行专业化服务。股份合作社整合当地农村社会化服务力量,吸纳取得相关资格证书并且技术过硬的设备机手,聘用种田能手、村干部等为管理人员,定期开展农业技术培训,打造懂技术、善经营的专业化服务队伍。建立植保信息系统,全套提供机耕、机播、机收、秸秆还田、烘干、仓储等服务,实现了植保队伍专业化、用药品种优质化、用药器械机械化、全程用药标准化。

（2）提供标准化服务。合作社根据不同地区、不同作物制定规范的生产标准和托管服务流程，以"一图、二包、三平台"（"一图"即全县的农耕数据地图，"二包"即托管作业服务包和多层次农产品数据包，"三平台"即农机作业调度与协同平台、农机服务评价平台和为农服务竞技平台）为运营工具，提供标准化服务，不断提升服务的效能和价值。

（3）完善产业化服务。合作社将托管服务不断向加工、销售等第二、三产业拓展，发展订单农业，提高经济效益。采取"基地+合作社+农户"的模式，签订种植购销合同并派出技术人员现场指导，组织合作社成员和当地农户，共同购置农机具，实行统一存放机具和维修保养、统一管理使用、统一联系业务、统一作业结算、统一组织跨区作业的"五统一"管理。

（4）做好农民的思想工作。合作社负责做农民的思想工作，让分散的土地集中起来，形成规模种植和管理的基础，然后将耕地交给农业生产托管服务公司选择最优的方式进行经营和管理，每年根据盈利情况给农民分红。

78 农垦如何参与农业生产托管？

在巩固农垦现有农业公共服务机构、完善基础条件、健全服务体系的基础上，进一步完善服务内容，提升服务能力，拓展服务领域，加快培育新型服务主体，创新服务模式，提高社会化服务效益。

（1）组建服务联盟。大力推动农产品生产者、物流商、龙头企业和涉农服务机构形成紧密的利益共同体，整合生产资料供应、科技研发与推广、产品购销等功能，建立完善农垦农业社会化服务标准体系，探索打造农垦农业社会化服务公共品牌，统筹开展订单种植、产销对接、质量追溯、信息交流、物流管理、品质评定等多功能、综合性的农业社会化服务。

（2）打造综合性服务公司。围绕各类农业经营主体对生产性服务的需求，整合服务资源，重点培育一批服务功能全、组织能力强、运行管理规范的综合性服务公司，开展覆盖产前、产中、产后全过程的农业社会化服务。创新服务机制，延伸服务产业链，按照"风险共担、利益共享"的原则，建立服务对象与服务主体之间紧密合作关系和利益联结机制。

（3）建设社会化服务云平台。整合农业社会化服务标准、物质装备、品种资源、农资供给、人才资源等各方面要素，建设农业社会化服务云平台，提高垦区资源配置水平和社会化服务能力。完善土地管理数据库建

设,实现与周边农村土地流转信息对接。加快农业物联网应用示范,积极发展智慧农业。综合利用大数据、云计算等技术,完善监测统计、分析预警、信息发布等服务,提高经营主体生产和销售决策能力。实现与电子商务平台对接,拓宽流通渠道,促进产销融合。

(4)建设标准化机务区。充分发挥农垦在农机社会化服务上的优势,以科技应用和技术推广服务为重点,创新体制机制,建设一批主体多元、机制灵活的农机4S店和标准化机务区,采用托管式、傻瓜式、一站式服务等方式,为垦区内外提供农机作业、指挥调度、农机维修、保养、销售、零配件供应和人才培训等服务,提升农机社会化服务质量和效益。

(5)探索组建粮食银行。支持粮食主产垦区在粮食生产、仓储、加工、流通基础较好的国有农场,创建粮食银行试点。通过集中控制粮源,开展套期保值、发行债券融资等业务,增强垦区粮食产业抗风险能力和市场掌控力。逐步向粮食产业上下游延伸业务,提供农资采购、农机作业、烘干仓储、加工物流、贷款融资、农业保险等服务。

(6)大力推动产融结合。鼓励垦区设立以服务农业社会化服务经营体系为目的的融资租赁公司,积极开展土地流转、养殖、水利、仓储物流设施建设等服务。创新融资租赁业务模式,促进生产、加工、储运等环节与金融链有机融合。鼓励开展多种形式的农业保险和互助合作保险,发展农业互联网金融、供应链金融等新业态,发挥融资租赁在社会化服务体系中的支撑作用。

(7)强化示范带动。积极开展多种形式的垦地合作,充分发挥农垦农机装备、科技示范推广等优势,通过转包、转让、入股、合作、租赁、互换和窗口展示、科技服务、跨区作业、土地托管、场乡共建等方式,以农场社会化服务为基础,广泛参与周边地区农业生产全过程,推广先进农业适用技术和生产管理模式,大力培育新型职业农工(农民),实现区域现代农业建设水平的整体提升。

79 供销社如何参与农业生产托管?

(1)组建土地托管服务体系。一是做强农业社会化服务企业。支持供销合作社以市场化手段开展经营服务,集中资源培育一批省、市、县级供销合作社出资的农业社会化服务骨干企业,重点发展全托管服务型、农产品加工营销型、农资联采直供型企业,加快现代企业制度建设,打造供销合作社为农服务主导力量。二是加强土地托管服务平台建设。支持供销合作社改造提升为农服务中心,强化农资供应、农机作业、统防统治、秸秆利用、粮食烘干、农产品加工销售、农业技术培训等服务功能,打造土地托管服务平台。整合农业社会化服务力量,吸纳乡村能人、大中专毕业生等各类人才,加强农业技术培训,打造爱农业、懂技术、善经营的高素质农民队伍。支持供销合作社在具备条件的县(市、区)建设一批县级农业服务平台,为各类农业经营服务主体提供信息技术、仓储物流、农资配送等综合性服务。三是推动服务网络向农村延伸。深入开展"村社共建",发挥村"两委"的组织优势和供销合作社的服务优势,在联建农民合作社、共同开展便民服务等方面提升合作水平。推动供销合作社托管服务主体在村级建设土地托管服务站,促进服务功能向田间地头延伸。四是加强系统联合合作。深入开展系统横向联合和纵向整合,推行企业化运营、规范化管理、标准化服务,探索运作方式、农资供应、耕作标准、销售加工、融资保险等方面的统一,统筹推进种肥供应、深耕深松、机种机收、划片管理(田间管理)、统防统治、节水灌溉、秸秆利用、粮食烘干、产销对接、技术培训等重点服务,提升服务组织化程度和整体效能。

(2)提高土地托管服务水平。一是提高规模化服务水平。供销合作社要进一步加强与家庭农场、农民专业合作社、农业服务企业等规模经营主体的合作,为规模化生产提供土地托管服务。试点推广"土地股份合作+全程托管服务"新模式,引导农民在完全自愿的前提下,以土地经营权入股成立土地股份合作社,采取"保底收益+盈余分红"分配机制,充分保障农民的土地承包权益,在不流转土地的前提下实现农业规模化经营,促进小农户与现代农业发展的有机衔接。二是提高规范化服务水平。开展产学研合作,根据不同地区、不同作物制定规范的生产标准和托管服务流程。发挥专业化服务优势,与农业农村等部门和科研院所联合推广农业新品种、新技术、新装备、新模式,提高农业科技含量,实现降成本、增产量、提质量。发挥供销合作社农资购销渠道优势,建立种子、化肥、农药集采分销体系,减少化肥农药用量,提高农产品质量,促进农业绿色发展。三是提高产业化服务水平。加快推进土地托管服务由单环节、多环节托管服务,向农业生产全程服务延伸,向农产品加工、销售等第二、三产业拓展。加强农产品产销对接服务,推广农产品订单生产、直供直销、集采集配等经营方式,推进农超、农企、农批等对接,加强仓储物流、中央厨房、农批市场等商贸流通设施建设,形成从生产到消费终端的服务链,提升农业产业化经营水平。四是助力解决农村劳动力缺失问

题。通过引导土地流转、组织农民开展合作经营、统一购买社会化服务等方式，创造条件开展统一经营、统一服务，提高耕作效率，解决劳动力缺失问题。供销合作社要创新服务方式，通过代耕代种、提供关键环节服务等形式，开展精准化服务，在稳定农业生产、保障粮食安全中发挥积极作用。

80 地方农机合作社如何参与农业生产托管服务？

（1）创新服务机制。为适应农业生产服务发展需求，地方农机合作社依托农机服务为纽带、粮食烘干做保障，实现整村推进全托管服务，真正实现农资套餐供应、植保作业服务、耕种收机械作业、粮食回收、延长服务链条，解决种地难和谁来种地的问题。地方农机合作社安装了三套水肥一体化自主灌溉系统，可实现精准施肥、精准灌溉，运用高科技手段按时、按量为作物提供水分，监测系统实时监测农作物生长，科学田管的同时还能减轻过去大水、大肥、大药对生态环境造成的破坏，降低亩均生产成本，促进增产增收。

（2）开展联合合作。地方农机合作社把农业生产全程智慧化作业作为优先业务发展方向，在本地和周边县区拓展农机作业市场，利用智慧农机优势，争取区、乡政府支持，采取"合作社社员+土地整合+智慧农机"的联合形式，承接农户、种粮大户、村集体经济组织全链条社会化服务作业服务，实现精准作业，既提高智慧农机的使用效率，又缩短农忙时间，实现了合作社、农户与政府之间的联合合作。同时与农资、订单回收、粮食加工企业联合合作，为农户、农场及村集体经济组织提供产前、产中、产后全农业生产全程社会化服务，达到提高生产效益、降低投入成本的目标。

（3）提升集成科技应用。为加快信息化建设，地方农机合作社与各高校紧密合作，以农业生产全过程的无人化、少人化、精准化、智能化为目标，实现了对耕、种、管、收作业过程中的旋耕机、拖拉机、收割机、植保机、播种机进行远程控制。远程控制可以设计线路让无人驾驶机械自主作业，实现无人化、少人化作业，解放劳动力，减少人工成本。在田间安装了虫情监测系统，可实时掌握虫的种类、数量等数据，将其传输至后台指挥中心，并给予提示进行及时分析处理。安装了田间气象站，利用土壤监测物联网，可实时掌握田间土壤湿度、温度、风速风向及天气情况。农民种田不用下地，可通过物联网掌握作物的长势，随时进行田间管理。

▶ 第四节　服务主体的合作模式

81 不同主体间合作模式有哪些？

（1）"村集体经济组织+服务主体+农户"模式。充分发挥村级党组织的政治优势、组织优势，引导农户自愿将农村承包地通过农业生产托管等方式集中连片，统一由村集体经济组织对接服务组织开展农业生产托管。在平等协商的前提下，村集体可以收取一定的服务费用，作为村集体经济组织收入。

（2）"服务主体+村集体经济组织"模式。引导农户自愿将土地经营权入股村集体经济组织，再由村集体经济组织将农户承包地、村集体机动地、土地整合后溢出土地等，统一委托给服务组织开展全程生产托管。服务主体应优先确保村集体经济组织和入股农户每年获得当地土地流转市场价格的保底收益，超过合同约定的收益部分，按村集体和农户入股比例分红。

（3）"服务主体+家庭农场"模式。引导农户成立家庭农场，实现土地集中连片，服务组织利用自身资金、技术、人员等资源优势，为一个或多个家庭农场提供全程或多环节生产托管服务。

（4）"服务主体+农民合作社"模式。引导农户自愿以土地经营权等入股方式成立土地股份合作社或入股农民合作社，由合作社委托给服务组织开展生产全程托管，服务主体应优先确保入股农户每年获得当地土地流转市场价格的保底收益，超过合同约定的收益部分，按农户入股比例分红。

第一节 重点支持内容

82) 农业生产托管发展重点支持的农产品有哪些?

粮食、棉花、油料、糖料等大宗农产品生产关系国家粮食和其他重要农产品安全,且比较效益相对较低。发展农业生产托管要把粮食、棉花、油料、糖料等大宗农产品生产的托管作为重点支持对象,通过专业化、规模化服务提升大宗农产品生产效益,提高普通农户从事大宗农产品生产的积极性,确保国家粮食和其他重要农产品的安全。

83) 重点支持开展托管的作业环节有哪些?

各地要根据当地农业生产和农户需求,按照补齐现代农业建设短板和农民群众的欢迎程度,确定本地区重点支持的托管环节和服务内容。一要以支持农业生产托管等服务带动型规模经营为重点,因地制宜选择农业生产关键且薄弱环节的绿色高效现代农业生产方式;二要着力支持作业成本高、短期效益不明显、群众积极性不高的深耕深松、农作物秸秆还田、施用有机肥等环节;三要着力支持初始投入大、技术难度高、单个农户做不了的工厂化育供苗、仓储烘干等环节;四要着力支持外部性特征强、单个农户作业效果差的病虫害专业化统防统治等环节,从根本上提高农业生产效率,提高资源利用率。市场机制运作基本成熟的农作物普通耕、种、收等环节,不列入财政支持范围。

84) 重点支持的服务规模经营形式有哪些?

规模化农业生产托管是服务规模经营的主要形式,耕地集中连片是发展规模化农业生产托管的前提条件。各地的土地资源条件、劳动力转移程度、农业机械化发展水平等情况不同,因而服务规模经营的发展程度也有不同,应重点支持规模效益比较突出、带动农户比较多的服务规模经营。鼓励各县(市、区)在不流转土地经营权、尊重小农户独立经营主体地位的前提下,通过农民合作社、集体经济组织和农村能人组织小农户,实现整村、整乡,甚至更大区域内小农户的土地集中连片,推进农业生产托管,广泛接受各类农业生产性服务。在难以实现大规模集中连片的半山区和半丘陵地区,重点支持相对较大规模的托管服务。

▶ 第二节　常规要求

85 农业生产托管工作推进的常规要求有哪些内容?

坚持政府引导、市场主导、农户自愿,以带领小农户发展现代农业为目标,围绕建立完善农业生产托管组织体系,健全农业生产托管政策支持体系,培育壮大农业生产托管服务主体,推进农业生产托管服务资源整合,加强农业生产托管行业监管等开展试点,形成一批典型经验,以点带面、示范引导农业生产托管加快发展,为全面推进乡村振兴、加快实现农业农村现代化提供有力支撑。

▶ 第三节　体系完善的要求

86 如何完善农业生产托管组织体系?

建立健全政府组织领导、乡镇统筹、村组落实,农业农村、财政、农机等部门共同参与的农业生产托管工作协调机制,统筹协调本区域农业生产托管。完善农业生产托管服务项目管理和绩效评价机制,提升项目实施效益。加强服务质量监管,以乡镇为单位,建立多方参与的纠纷调处机制。支持服务主体建立农业生产托管服务站,为农户提供便捷、高效的服务。

87) 如何健全农业生产托管政策支持体系?

完善县级统筹资金,支持农业生产托管的具体政策措施。探索与银行、担保、保险等机构开展合作的有效方式,创新开发农业生产托管贷、托管险等产品。落实新型农业经营主体信贷直通车政策,提供便捷、有效的金融服务。引导服务主体与科研院所、农业龙头企业等合作,集中推广新品种、新技术。开展农业生产托管带头人及相关从业人员专题培训,落实农业技术人员联系服务主体制度。落实农机服务优惠和有关设施农业用地政策,破解服务主体农机库棚、烘干设施"用地难"等问题。

88) 如何推进农业生产托管服务资源整合?

把盘活存量设施、装备、技术、人才及各类主体作为重点,探索建设集农资供应、技术推广、农机作业、仓储物流、农产品营销等服务于一体的区域性农业综合服务中心,促进服务资源整合和高效利用。区域性综合服务平台是现代农业要素和服务的区域中心组织者,是农业社会化服务的支撑平台,有利于实现区域层面农业要素的优化配置和现代农业整体效益的提升。近年来,各地积极探索区域性综合服务平台建设模式,基本形成了以县域为单元、镇村建站点的组织架构,以及政府推动、市场运营、主体承接、联合合作的建设路径。一些大型涉农企业集团、农业服务公司等都在探索建设区域性综合服务平台。建设区域性综合服务平台是农业社会化服务市场培育的内生需求和趋势。目前,县域层面区域性综合服务平台虽覆盖面不广,但已显现出盲目发展的态势,有些地方重复建设、盲目竞争,造成不少服务平台建成即闲置。应注重合理布局、规范引导,尊重市场规律和农业社会化服务规律,借鉴已有成熟模式的有益经验,因地制宜地探索平台持续运营机制,稳步推进区域性综合服务平台建设。

89) 如何加强对农业生产托管行业的指导和监管?

农业部门牵头研究制定符合当地实际的服务标准或服务规范。协调相关职能部门,加强对服务价格的指导和监管。研究制定符合当地实际的农业生产托管服务规范合同,推广示范合同文本,加强对服务主体与农户签订合同的指导和管理,发挥合同监管在规范服务行为、确保服务质量、维护农户利益等方面的作用。对服务主体服务情况进行跟踪监测,对服务质量不符合要求、群众不满意的服务主体,及时予以通报并督促改正。要逐步建立托管服务主体名录管理制度,建立农经部门、集体经济组织、农民代表、技术专家等多方参与的服务主体资格审查监督机制。对于已纳入名录库管理,服务能力强、服务效果好的服务主体,不再重复参与项目招投标,可直接为小农户提供服务,使他们获得补助;对服务面积和质量不达标、虚报服务面积等的服务主体,一律清退并严肃处理。

90 如何加强服务价格指导?

服务组织为农户提供的农业生产托管服务价格,由供需双方按照市场机制协商确定。各县(市、区)要积极协调相关职能部门,加强对服务价格的指导和监督,引导服务组织合理确定托管服务价格,防止干扰市场机制。原则上,财政补助部分占服务价格的比例不超过30%,单季作物亩均补助规模不超过100元,贫困地区、丘陵山区每亩单季作物亩均补助标准可适当放宽。作为试点市范围内的各县(市、区)可结合当地实际合理制定具体补助标准,按要求完成生产托管任务,资金补助不足的部分由各县(市、区)自行补齐。要科学合理选择补助方式,可以补助服务主体,可以补助小农户,也可以既补助服务主体又补助小农户。要防止个别服务组织形成价格垄断,发生价格欺诈,切实保障农户利益。要防止"政策垒大户"。各县(市、区)要重点支持小农户接受社会化服务,合理制定对种粮大户、家庭农场、农业生产企业等农业适度规模经营主体的补助规模上限。具体补助标准在上述原则范围内由各县(市、区)结合实际制定。

资金补助采取先服务后补助的方式,即每个环节实施完毕并经审核验收合格后,对项目实施区域内的服务组织按环节兑付补助资金。服务组织要与服务对象签订服务合同,明确双方的责任和义务,财政按照服务合同实际作业量对服务组织或服务对象进行补助。

91 如何整村推进农业生产托管?

(1)村级申报需求。村集体经济组织开展托管政策宣传,摸排农民群众意愿,并与有意向的群众签订托管服务合同。研究制定托管方案,明确托管地块及面积、托管方式、收益分配方式等,报乡镇党委政府审核。

（2）乡镇审核把关。乡镇党委政府对村级上报的托管方案进行初步审核，综合考虑村级党组织战斗力、村集体经济组织运营能力、农业生产基础条件、群众意愿等因素，择优确定符合条件的村。

（3）县级跟踪指导。县级农业农村部门对乡镇上报的村级方案进行统一审核，指导乡镇、村把好托管方向，强化耕地用途管制，有效遏制耕地"非农化"，防止耕地"非粮化"，扛稳粮食生产责任。

92 开展托管服务有哪些实施步骤？

（1）制订种植方案。村集体经济组织和托管主体协商制订种植方案，确定粮食种植品种、生产方式等，经农户（代表）同意后，由托管主体按照方案要求提供作业服务。

（2）申请银行贷款。村集体经济组织或托管主体根据实际需要向商业银行申请贷款，并自觉接受资金使用监管。

（3）购买农业保险。村集体经济组织或托管主体与保险机构对接，统一组织购买粮食作物完全成本保险或收入保险，切实降低生产经营风险。

（4）引入配套服务。村集体经济组织或托管主体与县级信息服务平台及乡镇"大托管"服务中心对接，引入农资供应、农机作业、农产品营销等线上、线下生产服务，实现各类服务有效跟进、有机融合。

第四节　基础设施建设

93 托管服务过程中需要投入建设哪些农业基础设施？

强化农业基础设施建设，是推动农村经济发展、促进农业和农村现代化的重要措施之一。改革开放40多年来，我国农业基础设施建设取得了长足进展，农业生产条件得到不断改善。农业基础设施建设一般包括：农田水利建设，农产品流通重点设施建设，商品粮棉生产基地、用材林生产基础和防护林建设，农业教育、科研、技术推广和气象基础设施建设等。托管进程中需要保证基础设施的完善，为农业生产托管服务的普及打下坚实基础。

（1）加强耕地保护和土壤改良。严格执行土地利用总体规划和年度计划,全面落实耕地保护责任制,建立和完善土地违法违规案件查处协调机制,切实控制建设占用耕地和林地。土地出让收入用于农村的投入,要重点支持基本农田整理、灾毁复垦和耕地质量建设。继续增加投入,加大力度改造中低产田。加快沃土工程实施步伐,扩大测土配方施肥规模。支持农民秸秆还田、种植绿肥、增施有机肥。加快实施旱作农业示范工程,建设一批旱作节水示范区。

(2)狠抓小型农田水利建设。抓紧编制和完善县级农田水利建设规划,整体推进农田水利工程建设和管理。大幅度增加中央和省级小型农田水利工程建设补助专项资金,将大中型灌区末级渠系改造和小型排涝设施建设纳入补助范围。以雨水集蓄利用为重点,兴建山区小型抗旱水源工程。采取奖励、补助等形式,调动农民建设小型农田水利工程的积极性。推进小型农田水利工程产权制度改革,探索非经营性农村水利工程管理体制改革办法,明确建设主体和管护责任。支持农民用水合作组织发展,提高服务能力。

(3)大力发展节水灌溉。农业综合开发要增加中型灌区骨干工程和大中型灌区田间节水改造资金投入。搞好节水灌溉示范,引导农民积极采用节水设备和技术。扩大大型灌溉排水泵站技术改造规模和范围,实施重点涝区治理。对农业灌排用电给予优惠。

(4)促进农业生产性基础设施建设主要指现代化农业基地及农田水利建设。其中现代化农业基地是指拥有高标准的土地、规范化的种植、现代化的装备、完整的产业链的农业基地。而农田水利建设就是通过兴修为农田服务的水利设施,包括灌溉、排水、除涝和防治盐、渍灾害等,建设旱涝保收、高产稳定的基本农田。

(5)继续加强生态建设。深入实施天然林保护、退耕还林等重点生态工程。建立健全森林、草原和水土保持生态效益补偿制度,多渠道筹集补偿资金,增强生态功能。继续推进山区综合开发,促进林业产业发展。落实草畜平衡制度,推进退牧还草,发展牧区水利,兴建人工草场。加强农村节能减排工作,鼓励发展循环农业,推进以非粮油作物为主要原料的生物质能源研究和开发。加大农业面源污染防治力度,抓紧制订规划,切实增加投入,落实治理责任,加快重点区域治理步伐。

(6)加快推进农业机械化。推进农业机械化是转变农业生产方式的迫切需要,也为振兴农机工业提供了重要机遇。加快推进粮食作物生产全程机械化,稳步发展经济作物和养殖业机械化。加强先进适用、生产

亟须农业机械的研发,重点在粮食主产区、南方丘陵区和血吸虫疫区加快推广应用。完善农业机械化税费优惠政策,对农机作业服务实行减免税,对从事田间作业的拖拉机免征养路费,继续落实农机跨区作业免费通行政策,继续实施保护性耕作项目。扶持发展农机大户、农机合作社和农机专业服务公司。加强农机安全监理工作。

94) 高标准农田建设的基本原则是什么?

(1)规划引导原则。符合全国高标准农田建设规划、国土空间规划,国家有关农业农村发展规划等,统筹安排高标准农田建设。

(2)因地制宜原则。各地根据自然资源禀赋、农业生产特征及主要障碍因素,确定建设内容与重点,采取相应的建设方式和工程措施,什么急需先建什么,缺什么补什么,减轻或消除影响农田综合生产能力的主要限制性因素。

(3)数量、质量并重原则。通过工程建设和农田地力提升,稳定或增加高标准农田面积,持续提高耕地质量,节约集约利用耕地。

(4)绿色生态原则。遵循绿色发展理念,促进农田生产与生态和谐发展。

(5)多元参与原则。尊重农民意愿,维护农民权益,引导农民群众、新型农业经营主体、农村集体经济组织和各类社会资本有序参与建设。

(6)建管并重原则。健全管护机制,落实管护责任,实现可持续高效利用。

95) 农业生产托管中防止耕地"非粮化"的举措有哪些?

(1)明确耕地利用优先序。加强耕地保护和用途管制,严格控制耕地转为林地、园地等其他类型农用地。永久基本农田重点用于发展粮食生产,特别是保障稻谷、小麦、玉米三大谷物的种植面积。一般耕地应主要用于粮食、油料、蔬菜等食用农产品及饲草饲料生产。按照"粮食生产优先"的原则,在确保优先满足粮食和食用农产品生产的基础上,允许耕地适度用于非食用农产品生产。在结构调整中,对市场明显过剩的非食用农产品,要加以引导,防止无序发展。

(2)强化永久基本农田保护。按照党中央、国务院统一部署,将耕地保护目标和永久基本农田保护任务分解落实到县(市、区)、乡镇,落实到地块。严格规范永久基本农田农业生产经营活动,禁止占用永久基本农田从事林果业,以及挖塘养鱼、非法取土等破坏永久基本农田耕作层的行为,禁止闲置、荒芜永久基本农田。利用永久基本农田发展稻渔、稻虾、稻蟹等综合立体种养,应当以不破坏永久基本农田为前提,必须符合《稻渔综合种养技术规范》方可实施。落实国家有关耕地保护法律法规,规范农林生产行为。

(3)加强粮食生产功能区监管。各市、县(市、区)要组织对"两区"划定开展"回头看",以县(市、区)为单位,在确保划定任务面积不减少的情况下,对耕地性质发生改变、不符合划定标准及优质耕地未划入"两区"的,按照国家统一部署做相应调整。要加强对粮食生产功能区的监管,引导粮食生产功能区经营主体确保至少有一季生产粮食。不得擅自调整粮食生产功能区,不得违规在粮食生产功能区内建设种植和养殖设施,不得违规将粮食生产功能区纳入退耕还林还草范围,不得在粮食生产功能区内超标准建设农田林网。

(4)加强土地流转管理。制定我省农村土地经营权流转管理办法实施细则,引导土地优先向种粮主体流转。各地要加强对工商资本流转土地的规范管理,建立健全工商资本流转土地资格审查、项目审核和分级备案等制度,强化租赁农地监测管理。对工商资本流转土地用于粮食生产的应优先给予支持;对违反相关产业发展规划、大规模流转耕地不种粮的"非粮化"行为,一经发现要坚决予以纠正,并立即停止其享受相关扶持政策。

(5)加强粮食产能建设。建立耕地用养结合制度,稳步提升耕地基础地力。进一步完善高标准农田管护和利用机制。全面提升灌溉能力建设,打通农田水利"最后一公里",推广高效节水灌溉技术。支持发展优质专用粮食,加快生产基地建设,提升"按图索粮"水平,推动皖粮产业升级。继续推动国家优质粮食基地建设。加快推进现代种业发展,加强粮食新品种、新技术的研发与推广。加快粮食生产综合技术攻关,大力推进粮食绿色高质高效示范创建,推广秸秆还田、种植绿肥和有机肥施用等技术,稳步提升地力,突出关键技术集成推广。加快农机农艺融合发展,开展粮食生产机械化技术综合示范,着力解决水稻机插、玉米籽粒机收等瓶颈问题,加快丘陵山区农田宜机化改造。建立健全各类灾情监测预警和应急响应机制,科学主动避灾。

(6)大力培育种粮主体。引导种植大户、家庭农场、农民合作社、农业企业等种粮主体有序发展粮食适度规模经营,积极创新代耕代种、统

防统治、土地托管等农业生产社会化服务新模式,提高种粮规模效益。引导各类粮食加工、经营企业和产销服务组织与农户建立稳固的粮食产销关系,发展订单生产。在家庭农场、农民合作社、农产品加工企业示范创建上,对种粮主体给予倾斜。鼓励和引导工商资本到农村从事良种繁育、粮食加工流通和粮食生产专业化社会化服务等。支持建设粮食产后烘干、加工设施,延长产业链条,提高粮食经营效益。

(7)强化种粮支持政策。用好产粮大县奖励政策,保护和调动各地重农抓粮、农民务农种粮积极性。将高标准农田建设产生的新增耕地指标调剂收益优先用于农田建设再投入和债券偿还、贴息等。加大粮食生产功能区政策支持力度,相关农业项目资金向粮食生产功能区倾斜,优先支持粮食生产功能区内目标作物种植,加快把粮食生产功能区建成"一季千斤、两季一吨"的高标准粮田。统筹资金用于优质专用粮食生产。落实农业补贴政策,执行稻谷、小麦最低收购价政策。加大粮食作物保险政策的支持力度,按照国家部署,稳步推进稻谷、小麦、玉米三大粮食作物完全成本保险和收入保险试点。

第七章

农机服务

▶ 第一节　农机装备

96 如何解决好农业生产托管中的农机装备难题？

支持金融机构探索发展大中型农机具等信贷产品,增加信贷额度,争取财政担保介入和财政贴息,降低融资成本。研究探索农机财产险种,将大型拖拉机、联合收割机等大型农机纳入政策性保险补贴范围,提高保险覆盖面和风险抵抗能力。增加对农机合作社理事长和辅导员培训经费投入,促进农机合作社提质增效和转型升级。对达到一定规模的有完善的装备设施、有良好的运行机制、有健全的管理制度、有较大的服务规模、有显著的综合效益的农机合作社示范社,加大奖补力度,鼓励其加大高性能配套化机具和农机库棚等基础设施的投入,推动整个农机社会化服务在规模和水平上的发展。

▶ 第二节　农机服务人才

97 如何培养农机服务人才？

(1)健全新型农业工程人才培养体系。加强农业工程学科建设,制定中国特色农业工程类专业认证标准。引导高校积极设置相关专业,培养创新型、应用型、复合型农业机械化人才。支持高等院校招收农业工程类专业学生,扩大硕士、博士研究生培养规模。加大卓越农林人才、卓越工程师教育培养计划对农机人才的支持力度,引导相关高校面向农业

机械化、农机装备产业转型升级,开展新工科研究与实践,构建产学合作协同育人项目实施体系。推动实施产教融合、校企合作,支持优势农机企业与学校共建共享工程创新基地、实践基地、实训基地。发挥好现代农业装备职业教育集团作用。鼓励农机人才国际交流合作,支持农机专业人才出国留学、联合培养,积极引进国际农机装备高端人才(教育部、工业和信息化部、农业农村部等负责)。

(2)注重农机实用型人才培养。实施新型职业农民培育工程,加大对农机大户、农机合作社带头人的扶持力度。大力遴选和培养农机生产及使用一线"土专家",弘扬工匠精神,充分发挥基层实用人才在推动技术进步和机械化生产中的重要作用。通过购买服务、项目支持等方式,支持农机生产企业、农机合作社培养农机操作、维修等实用技能型人才。加强基层农机推广人员岗位技能培养和知识更新,鼓励大中专毕业生、退伍军人、科技人员等返乡下乡创办领办新型农机服务组织,打造一支懂农业、爱农村、爱农民的一线农机人才队伍。

▶ 第三节　农机效率

98 如何提高农机作业便利程度?

加强高标准农田建设、农村土地综合整治等方面制度、标准、规范和实施细则的制订和修订,进一步明确田间道路、田块长度宽度与平整度等"宜机化"要求,加强建设监理和验收评价。统筹中央和地方各类相关资金及社会资本积极开展高标准农田建设,推动农田地块小并大、短并长、陡变平、弯变直和互联互通,切实改善农机通行和作业条件,提高农机适应性。重点支持丘陵山区开展农田"宜机化"改造,扩展大中型农机运用空间,加快补齐丘陵山区农业机械化基础条件薄弱的短板。

第八章 ▶ 托管服务环节"六化"建设

▶ **第一节 品牌化**

99 什么是农产品品牌化？

农产品品牌化是指农产品经营者根据市场需求与当地资源特征给自己的产品设计一个富有个性化的品牌，并取得商标权，使品牌在经营过程中不断得到消费者的认可、树立品牌形象、扩大市场占有率、实现经营目标的一系列活动。随着消费者对农产品品质和安全的要求越来越高，未来农产品品牌化将成为农业全产业链的重要趋势。农产品品牌化可以提高农产品的附加值和市场竞争力，也可以增加消费者的信任和忠诚度。

100 在托管过程中如何实现农产品品牌化？

品牌化是粮食高质量生产的最终体现，品牌化建设直接体现粮食生产的绿色化、优质化，增强农产品的市场竞争力，为农产品打开销路，进而使农业生产规模扩大，形成产销的良性循环。

（1）调整产业结构，走市场引领之路。要紧跟时代，把握市场动态，明晰消费需求。市场需要什么产品，我们就提供什么产品，市场需要就是产业发展的原动力。优化供给，坚持质量兴农、绿色兴农，推进增产导向向提质导向转变。

（2）转变思想观念，走农业品牌化发展之路。农产品消费已进入更注重质量和品牌的历史时期，重视农业品牌化发展，通过创新驱动，把科技、品牌、信誉、经营理念融入品牌农业之中，以品牌化引领和带动农业生产经营的产业化、规模化、标准化和组织化。创立农业公用品牌的发

展体系,要激活蔬菜品牌发展动力,创立品牌培育和保护机制。通过品牌注册、培育、拓展、保护等手段创建自身的品牌。形成市场导向、企业主体、政府推动、社会参与的品牌建设与保护体系,运行规范化、生产标准化、经营品牌化的企业、农民专业合作社、家庭农场。农民专业合作社以法人身份按产业链和品牌组建联合社,着力打造一批品牌农业经营强社,形成合理的利益共享关系。加快建立诚信体系,夯实品牌农产品质量性基础。

(3)融合产业链,提升价值链,完善利益链。以生态链为纽带,统筹融合第一、二、三产业,提升农产品附加值;改变现有的以原材料及初级产品的主要商品销售形式,稳步推进产业链的延伸,走精深加工和品牌化的运营发展道路;着重提升产品的附加值,把优质农产品作为一个完整的产业链对待,不断拉长、加宽、增厚,提升产品的附加值,走出一条符合本地区实际的产业链;在相当长的一段时间内,发展精深加工,巩固产业链,逐步走出一条健康持续的产业发展之路。

▶ 第二节　绿色化

101 什么是绿色农业?

绿色农业是充分运用先进科学技术、先进工业装备和先进管理理念,以促进农产品安全、生态安全、资源安全和提高农业综合经济效益的协调统一为目标,以倡导农产品标准化为手段,推动人类社会和经济全面、协调、可持续发展的农业发展模式。绿色农业是广义的"大农业",包含绿色动植物农业、白色农业、蓝色农业、黑色农业、菌类农业、设施农业、园艺农业、观光农业、环保农业、信息农业等。农业绿色化是未来农业全产业链的重要发展方向。在生活中,农业绿色化可以提高农产品的品质和安全,也可以减少农业对环境的污染和破坏,实现农业可持续发展。

102 什么是绿色农产品?

绿色农产品是指遵循可持续发展原则,按照特定生产方式生产,经专门机构认定,许可使用绿色食品标志,无污染的安全、优质、营养农产品。如绿色小麦、绿色水稻、绿色蔬菜、绿色水果、绿色畜禽肉、绿色水产品等。绿色农产品能满足城乡人民对优质食品的要求,已成为解决环境污染与提高人民生活水平这一矛盾的突破口。绿色农产品受到了国内和国外的广泛重视,通过绿色农业种植技术的应用,提高农业生产过程的标准化、绿色化水平,切实保障农产品的品质与安全,能够逐步将地方特色农产品品牌构建起来,促使农产品的市场竞争力得到增强,农民的收入水平得到提高。

103 绿色农业生产技术有哪些?

农业生产技术是指采用特定的理论、方法和技术手段来提高农作物和畜禽的生产效率和生长发育质量的过程。绿色农业生产技术坚持以绿色环保的方式进行农业生产,更有效地利用资源,减少污染,提高农产品的品质和营养价值。

(1)有机农业技术。有机农业技术是指以自然物质为主要施肥和控制病虫害的方式进行生产。它逐渐淘汰了用化学肥料和杀虫剂的传统农业方式,保障了农产品的健康安全。

(2)生态农业技术。生态农业技术是指以生态平衡为基础的农业生产方式,它强调生态系统的整体性和健康性。它可以有效减少农作物和畜禽的疾病和害虫的发生,并且增强了农场的生态环境。

(3)精细农业技术。精细农业技术是指通过先进的科技手段来提高农作物和畜禽的生产效率和营养价值。例如,通过土壤分析、无人机测量、智能灌溉等技术,可以精确控制农场的水分、肥料、光照和温度等生长条件。

104 绿色种植规程的主要内容是什么?

(1)土地选择。选用有机物质含量高、酸碱度适宜、通风性好的土地进行种植。农民需要不断进行土壤改良工作,以保障土壤的健康和肥力。

(2)生态控制。采用生物防治、轮作、间作等生态措施来控制害虫和病害的发生。同时,通过适期清除杂草和留意天气变化等方法来保持农作物的健康。

(3)有机肥料的使用。选用有机肥料,通过合理施肥来保障农产品的品质和营养价值。坚持少量多次施肥,保障养分的均衡,减轻污染。

(4)科学管理。科学管理是绿色种植的关键。通过选择优质种子、科学精确的种植、及时采摘等措施,保障了农产品的品质和安全。

以我国江苏南通一家绿色蔬菜种植基地为例,该基地以无污染的水源、无污染的土壤、绿色的肥料、绿色的防治措施和生态的科学管理而闻名。在基地内,严格执行绿色种植规程,选用光照充足、营养丰富的土地进行蔬菜种植,使用天然有机肥料施肥,使用天敌防治的方式控制病虫害,避免了使用化学农药对环境和人体的危害。同时,该基地还采用创新技术,如智慧农业系统、棚户区移动式智能种植系统等,实行科学精细管理,并通过国家绿色食品认证,保障消费者的健康安全。

105 在托管环节中主要采取哪些绿色生产技术?

(1)测土配方施肥技术。传统农业生产过程中,施肥模式比较粗放,容易影响到土壤结构,农作物的肥力需求也得不到满足,制约农业的整体发展。针对这种情况,托管组织大力推广测土配方施肥技术,由技术人员开展专业化的土壤测试工作,结合农作物的需肥规律,对相应的营养元素进行补充,平衡供应不同养分,促使农作物的需求得到满足。通过测土配方施肥技术的运用,肥料整体用量减少,利用率提高,农产品品质得到显著改善。

(2)缓控释肥技术。通过物理、化学和生物的方法,采取新材料、新工艺设备生产的具有缓释功能的一类肥料。该类肥料养分释放速率与作物需肥规律基本吻合,从而提高肥料资源利用率,增强土壤的缓冲性和作物抗逆性。

(3)病虫害绿色防控技术。病虫害会严重威胁到农作物的产量和质量,过去农户习惯采用农药防治技术,这样会严重污染到周围环境,且农作物的品质安全也得不到保证。结合绿色生产的理念指导,浙江省丽水市松阳县大力推广绿色防控技术,如太阳能杀虫灯、信息素诱捕器等,促使化学农药使用量显著降低。同时,病虫害防治效果也得到了保证。

(4)秸秆资源化利用技术。农作物秸秆的有机质、矿物质养分较为丰富。松阳县高度重视秸秆的资源化利用,通过晾干、粉碎、腐化等工序的实施,促使生态绿肥形成。此种肥料农作物吸收难度较小,且土壤条件也可以得到持续改善。

(5)种子包衣技术。种子包衣指采取机械或手工方法,按一定比例将含有杀虫剂、杀菌剂、复合肥料、微量元素、植物生长调节剂、缓释剂和成膜剂等多种成分的种衣剂均匀包覆在种子表面,形成一层光滑、牢固的药膜。随着种子的萌动、发芽、出苗和生长,包衣中的有效成分逐渐被植株根系吸收并传导到幼苗植株各部位,使种子及幼苗对种子带菌、土壤带菌及地下、地上害虫起到防治作用。药膜中的微肥可在底肥借力之前充分发挥效力。因此,包衣种子苗期生长旺盛,叶色浓绿,根系发达,植株健壮,从而实现增产增收的目的。种子包衣明显优于普通药剂拌种,主要表现在综合防治病虫害、药效期长(40~60天)、药膜不易脱落、不产生药害等方面。

(6)机械化施药技术。机械化施药技术是我国农业机械化发展的重要部分,良好的机械化施药技术能显著提升农作物对病虫害的预防和抵抗能力,有利于农作物的高产。采用节能、低耗、智能施药机械装备,提升施药过程机械化、智能化水平,实现精准喷雾、精准施药。精准喷雾是机械节药技术的关键,可避免施药过程的漏药或不能精准杀虫的缺陷,提高农药有效利用率,减轻环境污染。

(7)土壤深松作业技术。深松是疏松土层而不翻转土层,保持原土层不乱的一种土壤耕作法,是使用拖拉机等动力机械配带深松机进行农田作业的一种方式。深松可以加深耕层,打破犁底层,增加耕层厚度,能改善土壤结构,使土壤疏松通气,提高耕地质量。深松不翻转土层,使残茬、秸秆、杂草大部分覆盖于地表,既有利于保墒、减少风蚀,又可以吸纳更多的雨水。深松还可以延缓径流的产生,缓解地表径流对土壤的冲刷,减少水土流失,有效保护土壤。土地深松后,可增加肥料的溶解能力,减少化肥的挥发和流失,从而提高肥料的利用率。深松后,旋耕次数可减少(一般旋耕一遍即可),降低成本。深松技术的质量有一定的标准和要求,深松作业时,耕作深度在25~35厘米,耕作间距应小于70厘米,一般在40~50厘米,根据农田的耕作要求,深松应每2~3年轮作一次,作业时间应选择在前茬作物收获后。

(8)水肥一体化技术。水肥一体化技术,指灌溉与施肥融为一体的农业新技术。借助压力系统(或地形自然落差),将可溶性固体或液体肥料,按土壤养分含量和作物种类的需肥规律和特点配兑成肥液,通过可控管道系统使水肥相融后,通过管道和滴头形成滴灌,均匀、定时、定量浸润作物根系发育生长区域,使主要根系土壤始终保持疏松和适宜的含水量。同时根据不同的作物的需肥特点,土壤环境和养分含量状况,作物不同生长期需水、需肥规律情况进行不同生育期的需求设计,把水分、

养分定时定量,按比例直接提供给作物。

106 如何在托管环节解决农业绿色生产问题?

推动农业绿色低碳发展,贯彻落实"绿水青山就是金山银山"理念,是实现乡村生态振兴的必然要求,也是实现农业领域"双碳"目标的必然选择。"大国小农"是我国的基本农情。发展单环节、多环节、全程生产托管有利于促进农业减碳、农村增绿、农民增收,走出一条符合国情的农业绿色低碳发展之路,是赋能农业农村碳达峰、碳中和的重要路径。农业生产托管与其他经营主体和经营方式相比,具有开展规模经营、带动小农户开展农业绿色低碳生产的能力和动力。将符合绿色低碳发展理念的现代要素集成导入托管过程,从而代替小农户完成农业绿色低碳生产。第一,要保护耕地资源,提升土壤质量。建设"田成方、土成型、渠道成网、旱能灌、涝能排、无污染、产量高"的高标准农田,为未来农业高质量绿色发展奠定重要基础。第二,要建设绿色屏障,实现和谐共生,巩固退耕还林还草成果,为平原、丘陵地区的农田提供绿色生态屏障。第三,要强化环境治理,维护生态平衡。坚持资源节约、环境友好、优质高效、绿色发展原则,深入贯彻农田化肥农药"双减"措施,建立农业生态环境保护监测制度,加强农用地土壤重金属污染源头防治,强化受污染耕地安全利用和风险管控。

▶ 第三节　信息化

107 什么是信息化?

信息化是指培养、发展以计算机为主的智能化工具为代表的新生产力,并使之造福于社会的历史过程。与智能化工具相适应的生产力,称为"信息化生产力"。信息化技术是以现代通信、网络、数据库技术为基础,将所研究对象各要素汇总至数据库,供特定人群生活、工作、学习、辅助决策等和人类息息相关的各种行为相结合的一种技术。使用该技术后,可以极大地提高各种行为的效率,并且降低成本,为推动人类社会进步提供极大的技术支持。

108 如何促进信息化在托管服务中的应用？

（1）构建物联网监测系统，打造数字农田。利用无人机对全域的服务田块进行航测，通过人工智能技术勾画最小化田块数据，结合生产托管实际业务进行数据集成，可在系统上实时观看，尽可能地保留近三年的数据信息，促进实现应用数据的收集管理和生产托管服务的监控监测。

（2）构建飞防大数据系统，完善服务数据库。结合水稻、小麦等农作物全托管社会化服务内容，建立种植户、农机作业组织和作业需求、农技服务人员、地块土壤和病虫害、区域气象、农产品订单生产与销售等基本数据的信息库，在数据信息的基础上构建农机作业指挥调度系统、病虫害监测预警系统、机械化作业管理系统、远程专家咨询服务系统等飞防大数据综合服务系统，促进线上线下融合发展。

（3）依托农技服务平台，推动服务过程数据化。依托现有农技服务平台，收集端连接村助理和业务经理，采集电子单据合同数据，以电子单据合同和农田数据为托管服务派工作业依据，实现合同记录、派工记录、作业记录、用药记录和田块管理等后台与移动端同步管理与监控，利用智能手机便可实时查看田块合同记录等数据和工作情况，为全程技术托管模式的执行提供线上工具支持。

▶ 第四节　数字化

109 什么是数字农业？

数字农业是指通过现代信息技术手段，将农业生产、管理、服务等各个环节数字化、信息化、智能化，实现农业生产全过程的数字化管理和决策，提高农业生产效率和质量，促进农业可持续发展的一种新型农业模式。数字农业的发展可以提高农业生产效率，减少资源浪费，改善农民生产和生活条件，同时也可以为社会提供更多的粮食和其他农产品，推动农村经济发展。

110 如何加强农业生产托管中的数字化建设?

（1）明确农业数字化的发展要求。以产业数字化、数字产业化为主线，以打造农业数字经济创新发展新高地为目标，坚持规模化、设施化、智能化、融合化、绿色化发展思路，把数据作为关键生产要素，突出数据规范化、标准化建设，推进农业数字化转型升级。

（2）实施农场数字化标杆建设。在实现规模化、集约化、机械化生产的基础上，加大农业生产数字化改造力度，推动环境测控、水肥调控、航空植保等智能农机装备与技术在种植业耕、种、管、收各环节广泛应用。坚持行业标杆导向，建设一批具备先进水平的数字农场，扩大示范辐射效应。

（3）加强农业产能数字化监测评价。推进第三次土壤普查、农业种质资源调查和测土配方施肥等数据更新，加强农业面源污染、减肥控药等动态监测和农业投入品数字化管理，加快高标准农田"上图入库"及智能农机作业数据信息"入网上云"，完善农业基础数据资源库。以水稻、小麦等主要粮食作物为重点，综合利用卫星遥感、无人机、地面物联网等信息技术，构建"天空地一体化"监测网络，实现农作物类型、耕作方式、种植面积、作物长势和作物产量等动态监测，提升信息化、精细化管理水平。

（4）打造生产数字化全链条解决方案。加强数字农业关键技术攻关，开发数字育种设计平台，提升智能农机装备研发制造水平，构建分品种的生长调控知识模型，建立试验示范及推广应用基地，促进"创新链和产业链""信息技术与农机农艺"深度融合，打造一批先进成熟的"场景+链式"数字化整体解决方案，实现生产过程动态监测、精准调控与智能管控，增强农业生产数字化支撑保障能力。

（5）增强农业生产性服务数字化能力。大力培育农业社会化服务组织，构建家庭农场、农民合作社、农村集体经济组织、专业公司、供销社基层社等多元主体参与的现代农业专业化社会化服务体系，集成建设农业生产社会化服务云平台，研发高效、精准的智能匹配技术，逐步提高市场信息、农资供应、绿色生产、废弃物利用、农机作业及维修、农产品初加工、农产品营销网络远程培训等云服务能力。研究制定农业生产社会化服务标准，加强监测技术设备研发应用，建立农业生产服务质量数字化评价监管体系，形成"一站式"服务新模式，带动更多小农户进入现代农业发展轨道。

第五节 电商化

111 什么是农产品电子商务?

农产品电子商务指以信息技术和网络系统为支撑,围绕农村的农产品生产、经营而开展的一系列电子化的交易和管理活动,包括农业生产的管理、农产品的网络营销、电子支付、物流管理及客户关系管理等。发展农产品电子商务具有全局性、战略性和前瞻性,与国家建设社会主义新农村的战略相一致。农产品电子商务平台的实体终端要直接扎根于农村,服务于"三农",真正使"三农"服务落地,使农民成为平台的最大受益者。随着互联网技术的不断发展,农产品电商化将成为农业全产业链的重要渠道。农产品电商化可以提高农产品的销售渠道和市场覆盖率,同时也可以提高农产品的销售效率和便捷性。

农产品电子商务平台配备密集的乡村连锁网点,以数字化、信息化的手段,通过集约化管理、市场化运作、成体系的跨区域跨行业联合,构筑紧凑而有序的商业联合体,降低农村商业成本,扩大农村商业领域,使农民成为平台的最大获利者。

农产品电子商务服务包含网上农贸市场、数字农家乐、特色旅游、特色经济和招商引资等内容。网上农贸市场可以迅速传递农、林、渔、牧业供求信息,帮助农民开拓市场。特色旅游服务依托当地旅游资源,通过宣传推介来扩大对外知名度和影响力,从而全方位介绍当地旅游线路和旅游特色产品及企业等信息,发展属地旅游经济。特色经济服务通过宣传、介绍各个地区的特色经济、特色产业和相关的名优企业、产品等,扩大产品销售渠道,促进地区特色经济、名优企业的迅猛发展。招商引资服务搭建各级政府部门招商引资平台,介绍政府规划发展的开发区、生产基地、投资环境和招商信息。

112 托管过程中如何解决农产品电商化?

(1)邀请专业的农业平台或团队来托管。利用"互联网+"技术,搭建消费者与生产者之间的平台,使消费者的需求直接传达给生产者,生产者将生产过程和质量再通报给消费者,实现了生产与消费的信息对等,

从原来的生产指导消费转变成为由消费指导生产,解决传统农产品的流通问题。还可以根据消费者需求等信息,实地种植当地的特色农副产品,运用大数据、物联网等技术,实现产品溯源,让消费者吃得放心。将线上体验与线下种植结合,打造"情怀+乐趣+品牌化三位一体"全方位服务,既能让消费者吃得放心,又能根据区域性产品要求,打造一批"乡品牌""土品牌",让农产品卖出去并卖出好价钱,打通农产品产供销"最先一公里""最后一公里"问题。

(2)完善县乡地区基层物流体系。农村电商消费品下行中,到货时间一般在3~5天,对于广大农村消费者来说,非现货交易模式是抑制其消费动机的关键因素,非现货交易模式作为网销网购的固有特点不能被剥离。但尽可能地缩短到货时间在现代物流体系下是可以实现的,这就需要在农村县乡地区建立起两级运营体系,即以县级运营中心形成商品分拨节点、以村级服务站作为基层物流网络支撑,提供一站式服务。在村级服务站的布局上,物流企业可通过在高消费密度的农村地区加强网点布局,并在网点布局的基础上依托一站式服务和农户合作关系,培养和延续村民的购物习惯,从长期管道建设层面打通农村电商发展壁垒。

(3)加强本土化物流网络的建设力度。由于我国部分农村地区的物流基础设施条件较差、物流服务网点少,导致"快递下乡"在我国一直未能得到全面落实,快递运输的"最后一公里"问题尤为明显,部分地区仍需要农村居民自提快递物品,严重制约了农村居民的网购积极性。目前,农村电商消费品下行远未达到送货上门的程度,加强本土化物流网络的建设力度成为解决"最后一公里"问题的可行方向。

▶ 第六节 "三品一标"化

113 什么是"三品一标"?

无公害农产品、绿色食品、有机农产品和农产品地理标志,被统称为"三品一标"。"三品一标"农产品是20世纪90年代以来农业农村部门推动并得到社会广泛认可的安全优质农产品。纵观"三品一标"发展历程,虽有其各自产生的背景和发展基础,但都是农业发展进入新阶段的战略选择,是传统农业向现代农业转变的重要标志。

114 如何解决农业生产托管中的"三品一标"高质量发展问题？

（1）加快推进品质提升。推广优良品种，推广一批强筋和弱筋优质小麦、高蛋白高油玉米、优质粳稻和籼稻、高油高蛋白大豆等品种。集成推广技术模式，集成创新一批土壤改良培肥、节水灌溉、精准施肥和用药、废弃物循环利用、农产品收储运（收获、储藏、运输）、农产品加工等绿色生产技术模式。推广绿色投入品，加快推广生物有机肥、缓释肥料、水溶性肥料、高效叶面肥、高效低毒低残留农药、生物农药等绿色投入品，以及粘虫板、杀虫灯、性诱剂等病虫绿色防控技术产品。

（2）加快推进标准化生产。推动现代农业全产业链标准化，按照"有标采标、无标创标、全程贯标"的要求，加快产地环境、投入品管控、农兽药残留、产品加工、储运保鲜、品牌打造、分等分级关键环节标准的制订和修订，推动建立现代农业全产业链标准体系，建设现代农业全产业链标准集成应用基地。

（3）加快推进农业品牌建设。培育知名品牌，建立农业品牌标准，打造一批地域特色突出、产品特性鲜明的区域公用品牌。结合粮食生产功能区、重要农产品生产保护区和特色农产品优势区建设，培育一批"大而优""小而美"且有影响力的农产品品牌，鼓励龙头企业加强自主创新、打造一批竞争力强的企业品牌。促进品牌营销，挖掘和丰富品牌内涵，培育品牌文化，利用农业展会、产销对接会、电商等平台促进品牌营销。

（4）持续强化农产品质量监管。严格农业投入品使用，依法实施农业投入品登记许可，加强生产经营管理和使用指导，建立农药等农业投入品生产经营购销台账。推行农产品质量全程可追溯管理，实施农产品质量安全保障工程，强化农产品质量安全风险监测预警。建设农产品质量全程追溯体系，加强信息技术应用，探索智慧监管模式，推进生产标准化、监管智慧化、特征标识化、产品身份化。

（5）深入推进安全绿色优质农产品发展。积极发展"三品一标"农产品生产，推行食用农产品达标合格证制度。强化农产品认证和监管，完善"三品一标"认证审核流程和技术规范，规范标志使用，加强相关风险监测和证后监管，稳步扩大认证规模，严格淘汰退出机制。打造一批绿色食品原料标准化生产基地和有机农产品生产基地。深入实施地理标志农产品保护工程，建设一批特色品种繁育基地和核心生产基地，挖掘保护传统农耕文化，推动地理标志农产品生产标准化、产品特色化、身份标识化、全程数字化发展。

第一节 农产品深加工

115 什么是农产品深加工?

农产品深加工是指对农业产品进行深度加工制作以实现其效益最大化的生产环节。例如,有些水果、蔬菜不宜保存过久,容易腐烂,可将这类水果、蔬菜加工成更加容易存储的果脯、蜜饯、干果等加工食品,便于销售。甘薯深加工可制成多种副食品,其深加工工业产品有丁酸、酒精、柠檬酸、赖氨酸、磷酸淀粉酯等。通过深加工,甘薯一般可以增值2~10倍,甚至100倍以上。高粱、玉米等大宗农产品可以加工成半熟产品,再投入市场进行销售,市场前景广阔。

116 在农业生产托管服务中如何促进农产品深加工?

(1)选择适宜的农产品。选择适合进行深加工的农产品,如优质的粮食、蔬菜、水果、畜禽等,同时要考虑市场需求和竞争情况。

(2)提高产品品质。通过加工技术和设备的升级改造,提高产品的品质和附加值,如优化产品的口感和风味,提升产品的营养价值。

(3)建立标准化生产流程。建立标准化生产流程,确保产品的质量和稳定性,同时提高生产效率和降低成本。

(4)加强品牌建设。通过品牌宣传和推广,提高产品的知名度和美誉度,增强消费者对产品的信任和认可。

(5)开拓市场渠道。积极开拓国内外市场,拓展销售渠道,提高产品的市场占有率和竞争力。

(6)加强技术研发。不断进行技术研发和创新,提高产品的附加值和竞争力,同时满足消费者对产品的多样化需求。

(7)加强人才培养。加强人才培养和管理,强化加工人员的技能掌握和素质培养,保障产品质量和生产效率。

▶ 第二节　全产业链发展

117　什么是农业全产业链?

从农业生产、加工、流通、销售到消费环节的一系列活动,涵盖了农业生产的全过程,每个环节都有其独特的功能和作用,相互联系、相互影响,共同构成了农业全产业链。农业全产业链是一个完整的、有机的、各环节相互依存的系统。在农业全产业链中,每个环节都有其独特的功能和价值,都是实现农业可持续发展的重要组成部分。农业全产业链是农业发展的重要支撑,也是实现农业可持续发展的必要条件。它可以促进农业生产的高效、稳定和安全,提高农产品的附加值和市场竞争力,满足人民日益增长的消费需求,推动农村经济的发展,促进社会和谐稳定。

(1)农业生产环节。农业全产业链的第一环节是农业生产环节,包括种植、养殖等。农民和农业企业是主要的参与者,他们通过科学的种植、养殖技术和管理手段,提高农作物和畜禽的产量和品质,保障后续环节的顺利进行。

(2)农产品加工环节。农产品加工环节是农业全产业链的第二环节,主要包括农产品的初加工和深加工。初加工是将农产品进行简单的处理和包装,如去皮、去籽、剁碎、晒干等,使农产品达到市场销售的要求。深加工则是将农产品进行加工和改良,如制成罐头、饼干、果酱等,增加了农产品的附加值和市场竞争力。

(3)农产品流通环节。农产品流通环节是农业全产业链的第三环节,主要包括农产品的运输、储存和分销。物流企业和商业企业是主要的参与者,他们通过建立物流网络和销售渠道,将农产品从生产地运输到消费地,并储存和分销给各类消费者。

(4)农产品销售环节。农产品销售环节是农业全产业链的第四个环节,主要包括农产品的市场销售和电子商务销售。商业企业和电商企业是主要参与者,他们通过开展各种销售活动,如促销、打折、团购等,吸引

消费者购买农产品。

(5)消费环节。消费环节是农业全产业链的最后一个环节,也是十分重要的一个环节。消费者通过购买和使用农产品,满足了自己的需求,同时也带动了整个农业全产业链的发展。消费者的消费行为和消费习惯对农业全产业链的发展产生了深刻的影响。

118 托管服务如何实现全产业链发展?

托管服务组织首先需要打通产前、产中、产后三个业态全产业链社会化服务,实现生产托管良性发展。在产前,由托管服务组织统一提供肥料、种子、农药等农资购买及耕整地服务;在产中,提供技术指导、田间管理、植保、收割+脱粒等服务;在产后,依托资源优势,提供烘干、仓储、运输、销售等服务。例如,位于广东省阳江市阳春市的智慧三农农业专业合作社联合社,以提供专业化、社会化、综合性服务为基础,坚持走规范化、专业化之路。以高质量托管服务供给满足农户发展需求,全方位优化现代农业生产托管服务系统,整合服务资源,搭建"联合社总部+镇村分部+基层服务站"三级服务体系,培育专职服务队伍,以市场需求为导向,强化服务能力,从根本上解决了"谁来种地""如何种地""如何种好地"的问题。在生产环节,提供水稻托管全过程服务。联合社生产服务设备齐全,现有各类农机88台,其中插秧机6台、拖拉机16台、收割机17台、植保无人机7台、测绘无人机1台、15吨谷物烘干机6台,组建农机、农技、植保等专业服务队,建立了种子、肥料、农药、机耕、机插、统防统治、机收、烘干等托管环节的标准化生产作业规程,为合作社和农户提供粮食生产全程机械化服务,年均机械作业面积3万亩、烘干谷物3000吨,机械服务辐射延伸周边多个乡镇的3000余名农户,推动农户节约种植成本200元/亩。在加工环节,提供农产品收储加工的增值化服务。联合社积极为农户搭建购销服务平台,联合相关农产品加工企业签订收购协议,以保底价收购农户的农产品,提供农产品原料收购检测、入库加工服务,延长产业链,推动产业升级。联合社为阳春市马水镇辖下的马兰村提供南药广藿香的收购加工服务,为村民们创收超过480万元。在销售环节,提供订单销售个性定制服务。收集市场上的个性化需求,联合上下游产业合作单位,通过"生产托管+订单销售"为核心的服务模式,打造产销闭环,与大型农产品流通市场对接,为蔬菜、水果种植合作社提供销售渠道,果蔬流通分部每天统筹销售蔬菜达2吨、应季水果达2吨。

▶ 第一节 农产品营销

119 什么是农产品营销?

农产品营销是市场营销(个人和群体通过创造产品和价值,并同他人交换,以满足需求和欲望的一种社会和管理过程)的重要组成部分,是指农产品生产者与产品市场经营者为实现农产品价值进行的一系列的交易活动。农产品营销通过探寻消费者需求,结合市场情况和企业实力,对企业现有的农产品和有待开发的农产品进行系统的策划和市场推广,使产品增值,在向消费者提供价值的过程中让企业获利。

120 在托管服务过程中如何促进农产品营销?

(1)信息收集与发布。农产品市场供需信息、产品价格信息、行业新闻、政策条规等与农产品销售有关的消息,都是应该注意并且收集的有效信息。了解行业的信息,知己知彼,才能占据市场上位。发布销售通告,让更多的消费者了解需要营销的农产品。目前,较普遍采用的平台有朋友圈、群聊等,还可以将销售通告发布到当地的农业信息网上,让专门的网站帮忙宣传。

(2)定位目标市场。需要了解不同的目标消费市场需求,设计相应的营销策略。不断提高农产品质量,确保农产品的安全性、新鲜度等基本品质,提升消费者对产品的认知度和信任度。同时需要建立品牌,创建有差异化、有吸引力的品牌,提高产品在市场上的认知度和美誉度。

(3)搭建营销桥梁,铸造销售渠道。加强与外界的联系沟通,吸引大的经销商。参加农产品展销会、农产品交易会,让更多的客户了解产品,

把需要营销的农产品推广出去。大力发展订单农业营销。在政府等有关部门的监督下,农户与产品收购工厂签订具有法律效力的产销合同。合同确定工厂和农户双方的权利和义务,农户按需生产,工厂按期收购。这种方法适合农户"抱团取暖"。

(4)重视售后,锁定回头客。这是容易忽视的一个环节。在保质、保量地销售农产品的同时,还要注意消费者或者收购工厂的回馈,及时发现他们购买后遇到的问题。针对反馈,及时改进,做出更加迎合市场的好产品。解决售后问题,可能会损失一部分收益,但是可以为农产品赢得良好的口碑,促进更多的产销合作。

▶ 第二节　农产品网络营销

121 什么是农产品网络营销?

农产品网络营销是一种建立在互联网的基础上,以营销为导向、网络为工具,由营销人员利用网络渠道推广农产品、提升品牌形象,让更多的人了解到品牌或产品,以便更好地提升品牌影响力及刺激产品销量的手段。

122 农产品网络营销模式有哪些?

(1)"农产品+微商"模式。凭借简洁、明了的使用特色,微信获得了越来越多的用户的认可,为微商提供了发展平台。农产品与微商相结合,通过朋友圈展示自己的农产品特色,对农产品进行重新定位,打造一种符合新时代消费者的产品形象,以塑造个性化品牌。通过微信进行沟通,可以实现快速引流、进行线上服务及维护,同时与物流配送体系相结合,可打造完整的供应链。

(2)"农产品+可视农业"模式。目前,消费者对于农产品质量的要求日益提升,农产品能否满足消费者的需求成为决定是否购买的关键。"农产品+可视农业"的营销模式是指依靠互联网平台,通过短视频、图片、直播的方式将农产品的生产技术、生长过程直观地呈现在消费者眼前,消费者可以放心购买优质农产品的一种农业生产模式。消费者通过可视农业直接观察农产品的全部生产管理过程,找到心仪的农产品并下单,同时,农户可以获得可靠的订单并达到营销目标、获得收益。

(3)"农产品+网络直播"模式。直播带货已成为出售各类商品的热门方式,主播通过互联网平台展示产品,对产品进行试吃、试穿或试用,将产品特性直观地展现在消费者眼前,消费者可通过网页链接直接购买。农产品与网络直播相结合,缩短了消费者与农产品之间的距离,消费者通过直播平台远程观察,找到自己满意的农产品并下单,即可快速满足自己的需求。网络直播运用在农产品销售领域,极大地减轻了消费者购买农产品的心理负担,促进了交易的达成。

123 农产品网络营销的特点是什么?

(1)低成本性。传统农产品营销会受时间和空间的限制,增大了农产品快速出售的难度。农产品网络营销通过互联网媒介进行产品宣传、推广、售卖,可以快速得到消费者的反馈意见,大大提高了农产品信息传播的效率,从而降低了营销信息传播的成本。同时,利用互联网,农产品生产者可以以极小的成本自建网站进行营销,快速形成自己的销售网,无须租赁实体店铺进行大范围线下宣传,大大降低了时间成本。

(2)便捷性。传统农产品营销往往依靠农户对顾客进行产品信息的单向输出,而农产品网络营销利用互联网平台增加了农户与顾客沟通的可能性,顾客不再只被动地接收产品信息,双方能随时进行互动式双向沟通,并建立良好的关系。另外,农户在互联网平台上可以发布农产品相关信息、提供农产品链接供顾客直接查询、购买。

(3)资源整合性。农产品营销与其他工业品营销过程相一致,包括市场信息调查、寻找目标客户群、产品发布与推广、交易及售后等过程。农产品网络营销利用互联网可以将上述全过程整合在一起并进行电子交易,通过线上沟通提供服务,将多种营销资源综合管理并应用,改变了传统农产品营销时资源利用不对称、不均衡等缺陷。

(4)超前性。互联网具有超前性的特点,可以迅速感知市场、做出反应,对市场敏感度极高。农产品是我国农村地区主要的生产作物,受地理位置、交通运输、天气变化等影响,信息传播速度慢、市场反应迟缓。网络营销模式将农产品从线下销售转移至线上销售,使农户可以对市场变化更快做出回应,减少不必要的损失,获取更大的收益。

第十一章 ▶ 三大主粮在托管环节的田间管理技术

▶ 第一节 水 稻

(124) 如何在托管环节对水稻进行田间管理?

（1）早稻秸秆科学还田。首先,因时因地施策,分类管理田块。早稻一般在7月中下旬收割,收割前5～7天断水、排水,抢晴天收割。早稻秸秆及时粉碎还田,有助于补充土壤养分促进土壤微生物活动,但还田作业前要注意田块的病虫害发生情况,对病虫害较严重地块的秸秆进行收集离田和无害化处置,同时对存在重金属超标风险的安全利用类稻田建议进行秸秆离田处理。

其次,选择合理机具,严控作业要求。为节约成本、不误农时,建议选用配备秸秆粉碎装置和抛撒装置的全喂入式或半喂入式的联合收割机,在水稻收获的同时将秸秆就地粉碎,均匀抛撒在整个田面并形成覆盖。合理调节切割装置,秸秆留茬高度≤15厘米,粉碎长度≤10厘米,使秸秆呈撕裂状,秸秆粉碎长度及留茬高度合格率≥95%,漏切率≤1.5%。通过加装均匀抛撒装置板控制秸秆抛撒力度、方向和范围,提高均匀度,覆盖整个作业幅宽,抛撒不均匀率≤15%。

再次,科学泡田整地,保障晚稻种植。使用联合收割机收割早稻后放水泡田,进行犁耙,再使用插秧机进行插秧。早稻秸秆还田后犁耙时可把基肥、除草剂等一同施入。秸秆粉碎抛撒后放水泡田,水深3～5厘米,通常浸泡1～3天,泡田后施肥,适当增加氮肥基施比例,秸秆泡软后用灭茬旋耕机将稻茬粉碎,水稻秸秆翻入土壤10～15厘米以下,扣垡严密,要求稻茬粉碎率≥95%,90%以上的秸秆埋入10厘米土层中,表面秸秆残留率应小于10%,待平整沉实1～3天后插秧。

最后,防控病虫草害,抓好水肥管理。第一,防控病虫草害。做好病虫草害预测预报、开展统防统治,并选用高效、低毒、低残留农药。根据田间草害的情况,移栽稻插秧前结合耕整地,施除草剂封杀杂草,苗期进行第二次除草,分蘖末期根据草害情况选择进行第三次除草。重点防治二化螟、三化螟、稻飞虱、稻纵卷叶螟、纹枯病、稻瘟病、稻曲病等病虫害。水稻生长前期主要防治稻瘟病叶瘟,可结合纹枯病用药防治。水稻破口前后重点用药防治穗颈瘟和稻曲病。有条件的地方,可在晚稻施用第一次追肥(插秧后一周左右)后每亩施用100千克米糠均匀撒施在有水层的田面。第二,水分管理。水稻苗期,采取浅水勤灌、间歇露田的灌溉方式,之后结合施分蘖肥保持2~3厘米浅水层。拔节后浅水层间歇灌溉,分蘖盛期(每亩达到20万有效穗)建议进行晒田,控制无效分蘖,出穗期保持浅水,齐穗后间歇灌溉,腊熟末期停灌,黄熟排干,以促进土壤气体交换和有毒有害气体释放,改善土壤通气性。第三,养分管理。为防止早稻秸秆腐解过程中出现微生物与晚稻争氮的现象,根据秸秆还田前期耗氮、后期释氮的特点,在总施肥不增加的前提下,可适当氮肥前移,增加氮肥基肥用量。基肥深施,追肥"以水带氮"。中产田块(目标产量在450~600千克/亩),每亩大田总用肥量折纯氮9~12千克,五氧化二磷4~5千克,氧化钾5~6千克。其中,氮肥70%~80%作为基肥,犁耙时施用,20%~30%作为回青分蘖肥施用;钾肥50%~60%作为基肥施用,40%~50%作为穗肥施用;磷肥作为基肥,一次性施入。

(2)遵循灌水原则。深水返青。水稻移栽后,根系受到较大损伤,吸收水分的能力大大减弱,这时如果田间缺水,就会造成稻根吸收的水分少,叶片丧失的水分多,导致入不敷出。轻则返青期延长,重则卷叶死苗。因此,禾苗移栽后必须深水返青,以防生理失水,以便提早返青,减少死苗。但是,深水返青并不是灌水越深越好,一般3~5厘米即可。

浅水分蘖。水稻分蘖期如果灌水过深,土壤缺氧闭气,养分分解慢,稻株基部光照弱,对分蘖不利。但分蘖期也不能没有水层,一般应灌1.5厘米深的浅水层,并做到"后水不见前水",以利于协调土壤中水肥气热的矛盾。

有水壮苞。稻穗形成期间是水稻一生中需水最多的阶段,特别是减数分裂期,对水分的反应更加敏感。这时如果缺水,会使颖花退化,导致穗短、粒少、空壳多。所以,在稻草孕穗到抽穗期间,田间一定要维持3厘米左右的水层,保花增粒。

干湿壮籽。水稻抽穗扬花以后,叶片停止长大,茎叶不再伸长,颖花发育完成,禾苗需水量减少。为了加强田间透气,减少病害发生,提高根系活力,防止叶片早衰,促进茎秆健壮,应采取"干干湿湿,以湿为主"的水分管理方法,达到以水调气、以气养根、以根保叶、以叶壮籽的目的。

(3)重视机插秧大田管理。机插秧整个生育期管理主要包括三个方面的内容:育秧前准备、育秧和秧田管理、大田管理。大田管理中最重要的是对水分的管理,大田水分管理的内容主要可以总结为"三水三湿润一烤田"。其中,"三水"指返青期、孕穗期、开花期灌寸水;"三湿"指分蘖期、穗形成期和灌浆期采用湿润间歇性灌溉为主;"一烤田"的目的主要是控制无效分蘖,增加成穗率,促进大穗结成,同时抓住机会防治下部病害。烤田可在大田苗数达到需要量80%以上时进行。一般水分较多的田里,可以重烤,较干旱的轻烤;生长特别旺盛的重烤,反之轻烤;氮肥多的重烤,少的轻烤;直播稻根系浅,可以采取多次轻烤,促进根系下扎。

(4)巧施水稻穗肥和粒肥。科学施好穗肥和粒肥是水稻获得高产、优质、高效益的保证。研究证明,巧施水稻穗肥和粒肥,可增产20%~25%。水稻施穗肥是指在抽穗前的幼穗分化期,适时追施一定数量的速效性氮肥,有助于巩固前期有效分蘖,减少和防止颖花退化,促使稻穗良好发育。由于各地稻田的地力、栽培品种和气象条件的不同,追施穗肥的时间和方法也不同。一般追肥时间以枝梗分化到颖花分化期为宜,在抽穗前16~18天,或水稻叶龄指数达到90%,水稻剑叶刚露尖,幼穗长到1~2毫米时进行。每亩追肥量视情况而定。如用硝酸铵需4~5千克,如用硫酸铵需6千克,如用磷酸二铵则需4~5千克。追肥前,灌水3~5厘米深,堵好上下水口,均匀撒施,4~5天后再转为正常管理。遇阴雨连绵天,生长过旺的稻田可不追施穗肥。水稻追粒肥是指出穗后5~10天施用的少量肥料,或当水稻裂口抽穗前2~3天追施的肥料。施用适当,可使籽粒饱满,千粒重增加;施用不当,不起作用或贪青晚熟,影响产量。

巧施粒肥,必须要做到"三看",即看天、看田、看苗。看天就是要掌握好天时,干旱时要巧施,阴雨少施。看田就是掌握不同田块的土壤肥力,瘦田多些,肥田少施。看苗要根据苗情,长势瘦弱、抽穗后叶色落黄严重的多施,长势旺盛、抽穗后轻度落黄的少施或不施。一般采用硫酸铵、尿素等化肥作为粒肥,每亩施3~5千克。施用时,田中要灌浅水,施肥后不要灌水,让其自然变干。若没有尿素,也可追施硝酸铵。

(5)了解水稻叶面喷肥时间及注意事项。水稻叶面喷肥时间有分蘖期、结穗期、籽粒期等。分蘖期是指水稻分蘖期为播种45天后。这个时候喷施叶面肥，以促进低节位分蘖的生长，起到增穗作用。结穗期是指水稻倒二叶开始出叶的时候，这个时候是穗形成和籽粒发育的基础时期，应控制无效分蘖。可喷施含氮类的叶面肥，或是追肥尿素。籽粒期是指水稻从结穗至成熟的时期。此时叶面追肥可快速增加水稻的单粒重，提高苗株产量，主要喷施磷酸二氢钾溶液，间隔15天一次，采收前1周停止追肥，能够明显增加水稻产量。

针对水稻叶面喷肥的注意事项有四点。第一，注意肥料种类选择。尿素、磷酸二氢钾、过磷酸钙、硫酸钾及一些可溶性微肥都是叶面肥，但是碳铵、氯化钾等非水溶性化肥及含挥发性氨的氮肥等不适宜作为水稻叶面肥。第二，把握施肥浓度。不同阶段的水稻喷施浓度是不一样的，如叶面喷施尿素、磷酸二氢钾，需要使用水进行浓度稀释，喷施浓度为1%，微量元素喷施的浓度一般为0.01%～0.1%。第三，叶面喷施方法。一般在傍晚或有露水的早晨喷施，喷洒在叶片正面，使肥料液能在叶片表面停留较长时间以便于吸收；喷施肥料时要保持田间湿润，若在高温天气叶面喷肥，还需要喷一次清水洗叶。第四，叶面喷施时间。在水稻全生育过程中都可喷施叶面肥料，只是不同时期的喷施浓度不一样，秧田期施用浓度较低，生长衰弱期施用浓度就应该提高。

（6）防治二化螟。普治早稻、再生稻、早播（栽）一季杂交稻大田、单晚秧田一代二化螟。山区稻瘟病老病区及部分品种要注意关注和预防水稻苗（叶）瘟病。防治适期：圩畈区首次防治在5月20—25日，二次防治在5月28日至6月3日。山区一季杂交稻区首次防治时间掌握在6月1—5日，二次防治在6月8—13日。防治指标：二化螟枯鞘丛率8%～10%或枯鞘株率在3%。秧田建议在移栽前施用"送嫁药"。防治方法如下。一是药剂防治。选用乙基多杀菌素配合阿维菌素、乙基多杀菌素配合甲氧虫酰肼、阿维菌素配合甲氧虫酰肼；低抗性稻区也可选用四唑虫酰胺、氯虫苯甲酰胺等双酰胺类药剂复配阿维菌素、二嗪磷或杀虫双进行防治（注：对水30千克/亩喷雾防治、无人机用水量>21千克/亩，施药后必须田间保浅水层5～7天）。二是积极推行翻耕灌水灭蛹、栽培避螟、种植香根草等农业措施，提倡应用性诱剂，有条件的示范区推广释放赤眼蜂、人工摘除卵块等方法控害，总体倡导科学合理用药。

（7）防治夏季蝗虫。生物防治：在中低密度发生区（飞蝗密度在5头/米²以下，土蝗密度在20头/米²以下），优先使用蝗虫微孢子虫、金龟子

绿僵菌等微生物农药防治,合理使用苦参碱、印楝素等植物源农药。生态敏感区可降低防治指标,在2~3龄盛期采用生物防治措施。必要时,在周边建立隔离带进行药剂封锁。在农牧交错区,可以采取牧鸡牧鸭、招引粉红椋鸟等进行防治。生态控制:针对东亚飞蝗,内涝蝗区的宜农区域推进高标准农田建设,宜渔区域开展造塘养殖;河泛蝗区实行沟渠路林网化,改善滩区生产条件,搞好垦荒种植和精耕细作,可以利用滩区种植豆科牧草。在土蝗常年重发区,可通过垦荒种植、减少撂荒地面积,春秋深耕细耙等措施,破坏土蝗产卵适生环境,减轻发生程度。化学药剂防治:在高密度发生区(飞蝗密度在5头/米^{2}以上,土蝗密度在20头/米^{2}以上)采取化学应急防治。可选用高效氯氰菊酯、马拉硫磷、高氯·马、阿维·三唑磷等药剂,进行超低容量喷雾。对于地形复杂的丘陵、山区可以使用植保无人机防治。采用化学药剂防治时,应考虑条带间隔施药,留出合理的生物天敌避难区域。

治蝗期间正值高温季节,应注意加强作业人员安全防护,防止农药中毒事故。

▶ 第二节　小　　麦

125 小麦在托管环节是如何进行田间管理的?

(1)针对春季小麦发黄现象的管理建议。小麦度过返青期后,进入拔节期,在这个本应苗壮生长的时期,小麦却出现发黄现象的原因可能是脱肥。在小麦播种前,机器施肥已经替代了人工撒施化肥,机器施肥虽然省时省力,但容易造成施肥不均匀现象,尤其是来回两行间留有间隙,间隙肥料较少,甚至没有肥料,当小麦进入生长旺盛期后,脱肥现象就逐渐显现出来了,这也是小麦呈条状黄化的主要原因之一。针对这种现象,应采取补水补肥的措施。对于已经追施返青肥的麦田,可采用给叶片喷施植物生长调节剂和高氮叶面肥的方式促进生长;对于尚未追施返青肥的麦田,可采取沟施氨肥(尿素)和撒施速效氮肥的方式补充肥力。当大部分冬小麦种植区土壤呈现出干旱现象时,如不结合灌溉措施,或降雨配合,补充肥料也无法发挥其功效。

小麦发黄还可能是除草剂药害导致的。随着气温的升高,继续使用含有唑草酮的除草剂,就会增加药害风险,所以,当日最高气温超过15℃时,应减少含有唑草酮除草剂的使用次数,当气温高于20℃时,应停止使用含有唑草酮的除草剂。除此之外,除草剂浓度过高、喷雾器喷头雾化不充分及亩施药水量不足,都会导致药害现象发生。出现除草剂药害后,植株基本可自行恢复正常生长,但会延缓生长,对于药害较重的麦田,每亩可选择3%复硝·胺鲜酯20毫升,配合高氮叶面肥30克,对水30千克进行均匀喷雾,间隔5~7天重喷一次,即可达到促进受害小麦快速恢复的效果。

(2)小麦中后期"一喷三防"技术意见。"一喷三防"技术是控制小麦中后期主要病虫害、防御干热风、抗倒伏等的有效措施。按照农药混用原则,将杀虫剂、杀菌剂与营养剂、植物生长调节剂混合,一次施药达到防病、灭虫,加强后期营养供应,实现增粒、增重、丰产的目的。在开展"一喷三防"的技术措施上应因地制宜,根据当地病虫害实际发生情况,有针对性地选用适宜的杀菌剂和杀虫剂进行混配。

(3)小麦收获后灭茬的注意事项。小麦灭茬后,应注意后期农艺措施。首先,适期适墒播种。随着小麦机收作业效率提高,小麦主产区麦收结束时间比过去往往提前1周左右。建议在小麦收获后,处理好秸秆,适期播种。为了抢墒早播,建议集中统一播种,提高群体整齐度,可有效降低玉米粗缩病危害。其次,防治苗期草害。由于小麦生长期带来的草种仍然依附在秸秆上,覆盖在地表,加上土层搅动不大,草害的发生概率和速度相比耕整地后作业要高。因此,建议在玉米免耕播种作业的同时或播种后3天以内,喷施40%乙阿合剂150~250毫升/亩,对水50千克,进行封闭式喷雾作业,可有效防治苗期草害。

(4)小麦收割后需要注意的问题。做好收获后田间管理工作。小麦收获后,田间残留有大量秸秆,有条件的地区最好将小麦秸秆做还田处理,这样可起到培肥地力的作用。许多农民在小麦收获后会复种秋季作物,如大豆、玉米等,因此,要做好施肥及田间灌水等工作,确保复种的作物能正常生长。不要在马路上晒粮食。麦收时节,有人会选择将麦子晒干之后进行储藏,等小麦价格上涨之后再进行销售。这就需要找个平整而干燥的地方作为晒粮场所。然而,在马路上晒粮是不可取的,这种做法不仅容易造成交通拥堵,还容易引发交通事故。不要焚烧小麦秸秆。由于夏季高温干燥,农民收麦的时间又早晚不一,焚烧秸秆可能会引燃未收获的小麦。近年来,随着人们对环境保护的不断重视,焚烧秸秆的

行为已被禁止。

(5)小麦收获后的储存方法。小麦种子入库前,要进行暴晒,把含水量降至低于12%为宜。原因是含水量在12%以下的小麦,可以长时间储存,不容易生虫,也不容易发霉。在一般情况下,小麦收获后,在中午暴晒2～3小时即可。选择晴朗、气温高的天气,将麦温晒到50℃左右,保持2小时高温,水分降到12.5%以下,趁热入仓,整仓密闭,使粮温在46℃左右持续10天左右,可杀死全部害虫。此后,粮温逐渐下降与仓温平衡,转入正常密闭储藏。小麦存贮过程中,主要的害虫有麦蛾、玉米象、谷蠹等。仓内温度高,害虫很容易快速繁殖,如不及时防治,将严重影响小麦质量。目前防治害虫的方法有很多,如高温密闭、后熟缺氧、低药量熏蒸等,也可直接用布包裹着药丸,埋在麦仓不同的位置。不管用什么办法,避免虫害发生是前提。小麦在存贮过程中,长时间处于高温密闭的状态,加上后熟期的作用,粮仓内的温度升高,进而引发"出汗"现象,可能会导致小麦发霉。所以,要不定期进行通风处理,有条件的也可以翻动小麦,让被盖在下面的小麦多接触空气,保障小麦的质量。

(6)小麦收割后防芽、防霉变的注意事项。在小麦收割前,调整收获期。根据当地雨季到来时间,适当早播或晚播,使小麦成熟期尽量避过雨季,也可在小麦成熟前10天喷洒催熟剂,促进小麦成熟,提早收获,避过雨季。合理调控肥水。合理施肥,防止肥料过量,尤其是氮肥,若施用过多会导致贪青晚熟。建好配套沟系,确保灌排畅通,降低田间湿度,防止小麦在高温、高湿的环境条件下发生穗发芽。严防小麦倒伏。小麦倒伏后麦穗处于高温、高湿的环境条件下,穗发芽会加重发生。生产中应积极采取配方施肥、适当稀植、施用矮壮素等各种措施防止小麦倒伏,降低小麦穗发芽概率。

药剂处理法。小麦黄熟期于雨前均匀喷施青鲜素、多效唑、穗萌抑制剂或穗得安,可抑制籽粒发芽。注意药剂处理过的小麦不能留种,以免降低种子发芽率。

机械降温法。将湿小麦放在通风、透气的凉床上,若没有凉床,可薄摊在地面(厚度不超过30厘米),用鼓风机、电风扇、排风扇降温排湿,每3～5小时翻动一次。

自然缺氧法。选择地势较高的背阴处,先用麦糠或草苫铺垫底部,然后将小麦堆放在上面,用新的塑料薄膜覆盖,拉紧薄膜四周并用泥土封盖以隔绝空气,从而抑制麦粒及微生物的呼吸。

树叶缺氧法。将装有新鲜树叶的有孔装具放入粮堆,粮面用塑料薄膜封严。由于树叶呼吸旺盛,能在短时间内把粮堆里的氧气消耗掉,从而抑制了小麦的呼吸作用和霉菌的繁殖,防止麦粒发热、生芽。

盐矾拌合法。每100千克湿小麦用食盐1.5～2千克、明矾0.5千克,拌匀后堆放于室内通风处,并用塑料薄膜封严。由于食盐和明矾有吸湿、杀菌作用,能较好地防止小麦生芽霉变。

喷拌食醋法。每500千克小麦喷洒2.5千克食醋,边喷边拌匀,堆好后覆盖塑料薄膜,用土或沙压严周边。

拌漂白粉法。将小麦和漂白粉以500:1的比例拌匀后堆起,用塑料薄膜密封,可使湿小麦在短期内不发热、不霉变。

上述方法可在短期内控制小麦质量不发生大的变化,一旦天气转晴,要立即进行晾晒,晒干后才能久存。

(7)小麦烘干处理技术。在烘前处理环节,小麦烘干前宜进行初清,含杂率≤2%,应去除有泥土、长茎秆、麻袋绳等杂物。烘干前,需测定小麦的初始含水率,同一批烘干的小麦水分不均度应≤2%。当循环式烘干机进机小麦水分差在2%～6%时,应先进行冷风循环干燥,至水分差不大于2%时开始烘干;当小麦水分差>2%且小麦水分>22%时,应边进湿小麦边通冷风(自然风)循环干燥,直到机内小麦水分差不大于2%且小麦水分不大于22%时开始烘干。这样既节省能源,还能保证小麦质量。接收湿粮堆放时,水分差>2%的应分堆摆放,并分别进行烘干,且应先烘干大水分、后烘干小水分的粮食。

在规范操作环节,小麦烘干作业期间应时刻注意热风温度仪表的数值变化,记录在线水分测试仪的显示参数。当烘干机运行稳定时,一般不再调整热风温度,根据出机小麦水分大小,适量调整排粮转速。经常检查烘干机内的排粮是否通畅,发现堵塞及时清理。严格控制热风炉温度和热风温度,防止热风温度过高造成小麦热损伤或烘干机着火。若烘干期结束或停机时间超过48小时,应从前至后依次关闭烘干机前的设备。随着烘干机内粮食逐渐排空,自上而下关闭热风机及进风闸门。逐步减少热风炉的燃料加入量,降低炉温,直至停炉。

第三节 玉 米

126 如何在托管环节对玉米进行田间管理？

(1)如遇高温干旱,玉米田间管理需加强。高温和干旱对玉米的生长和发育会造成一定影响。面对这种不利因素,我们应当积极应对,因地因苗加强田间管理,促进玉米健康生长,减少不利因素造成的影响,保障玉米产区的丰收。夏玉米播种时间集中在6月11—18日。从整体情况来看,夏播玉米由于播种时间相对集中且各地气候差异不大,地块之间的差异相对较小。春播玉米则由于各地地形、地势及气候的差异,加上覆膜与露地栽培的区别,导致田块之间玉米植株生长发育进程差异较大。干旱和高温对玉米生长发育的影响较大,旱情期间夏播玉米大多处于苗期阶段,适度干旱对幼苗生长发育总体影响不太大,但部分地块个别品种的分蘖偏多。春播玉米旱情发生期间大多处于大喇叭口期至抽雄前期,此期干旱(俗称"卡脖旱")对玉米植株生长发育影响较大,主要是影响雌穗的发育和花丝形成,对将来果穗结实产生一定影响。受旱较重地块则会发生雌穗发育畸形、雌雄脱节,严重影响产量。高温条件下植株蒸腾及土壤蒸发量较大,容易造成土壤墒情不足而加重旱情。

针对干旱情况,需要加强田间管理。要因地因苗采取不同的措施。对于未受旱灾影响的正常地块要以"促壮增产"为主,对于受灾地块要以"保产减损"为要。对前期受旱的春播玉米,要充分利用当地灌溉设施及现有的水资源条件,采取多种方式进行补充灌溉,尽可能降低产量损失。补充灌溉时要掌握"先重后轻、先大后小"的原则,优先灌溉旱情重、植株发育早的地块。此外,还可喷施腐殖酸类抗旱剂和磷酸二氢钾水溶液等,以增强受害植株的抗逆能力。对前期未受旱情影响的春播玉米,要结合灌溉或降雨及时追施穗肥,促进穗花发育,提高籽粒产量。对夏播玉米要加紧苗后除草,减少杂草对土壤养分和水分的消耗。另外,要做好病虫害的防控,重点防控地老虎、二点委夜蛾、蓟马和苗枯病等病虫害。对于有灌溉条件的农田,出现旱情时应及时补充灌溉,确保玉米植株健壮生长。

(2)注意玉米叶片展开不畅的问题。①基因变异:玉米属异花授粉作物,最常见的变异类型是叶色异常,也有叶和叶鞘生长畸形,叶与叶鞘生长畸形常会导致心叶展开不畅。田间出现变异畸形株或叶色异常株后,拔除即可。②劣质肥害:过磷酸钙用硫酸与磷矿粉反应制成。施用了三氯乙醛(酸)污染的废硫酸生产过磷酸钙,会严重影响出苗。有的即便能出苗,幼苗也生长缓慢,叶片变短扭曲、展开不畅,苗后植株还会继续死亡。③杀虫杀菌剂药害:高浓度、大剂量喷施杀虫剂和杀菌剂,灼伤叶片,致可见叶枯死,也会影响之后新生叶展开。无论喷施何种药剂,均应严格控制药量,采用二次稀释法,足量对水。

(3)玉米地除草,需要注意用药情况。在施用除草剂的时候,保持田间适宜的湿度。根据土质适当减少或增加用药量,选择在玉米2~5叶期、杂草2~3叶期,早晨或傍晚土壤表面湿度较大时喷洒,形成药膜,并在喷施过程中采用倒行式,以确保除草剂的药效能够正常发挥。

(4)如遇高温多雨,小心玉米褐斑病。玉米褐斑病的致病菌为玉蜀黍节壶菌,该菌喜高温和高湿。7月、8月若温度高、湿度大,阴雨日较多,则有利于发病。在土壤瘠薄的地块,叶色发黄、病害发生严重;在土壤肥力较高的地块,玉米健壮,叶色深绿,病害较轻甚至不发病。一般在玉米8~10片叶时易发生病害,玉米12片叶以后一般不会再发生此病害。特别是前期偏施氮肥,忽视磷、钾肥料的施用,造成玉米植株磷、钾元素的缺乏,植株易感褐斑病。雨水频繁,高温高湿加上田间玉米植株密度过大,病菌传播速度快,褐斑病易发。需要注意褐斑病和锈病的区别。锈病发病处用手搓后会有锈迹,而褐斑病则没有。玉米褐斑病通常发生在玉米叶片、叶鞘及茎秆,一般先在顶部叶片的尖端发生,以叶和叶鞘交接处病斑最多,常密集成行。在发病初期,玉米叶片上会出现很多黄色的小斑点,病斑为圆形或椭圆形到线形,隆起附近的叶组织常呈红色,小病斑常汇集在一起,严重时叶片上出现几段病斑甚至全部布满病斑,在叶鞘上和叶脉上出现较大的褐色斑点。在发病后期,叶片和茎上会出现无规则的大斑点,玉米叶面组织坏死并裂开,失去光合作用功能,严重影响玉米产量。目前,抗褐斑病的玉米品种相对较少,一般通过药剂来进行褐斑病的防治。没有发生褐斑病的玉米地块可以喷施吡唑醚菌酯进行预防,已经发生褐斑病的地块可以喷施吡唑醚菌酯配合苯甲丙环唑或者氟环唑等药剂进行防治,同时还可以预防锈病。隔5~6天进行二次喷施,在用药时也可以加入叶面肥,促进植株生长,提高抗病性。

(5)注意玉米心叶不展的问题。与品种特性有关。有些玉米品种生

长前期气温较低会造成心叶卷缩,待后期温度上升即可恢复正常生长。玉米生长前期注意肥料用量不要过大,以免烧苗。如遇高温干旱,玉米吸收肥水不足,不同品种对气候的适应性不同,心叶卷曲的比例有较大的差异。田间干旱造成玉米心叶卷曲,一般能随土壤墒情好转逐渐恢复,下过雨或灌水后恢复快。喷施一些优质叶面肥,可以促进快速恢复。

玉米生长期间施用烟嘧磺隆等药除草时,假如在高温条件下施药,或用药量过大,或施用除草剂前后7天内施用有机磷农药,会出现心叶卷曲、叶片皱缩,并有不规则黄色药斑等现象,严重时心叶腐烂。症状轻时多数植株会自行恢复正常生长,心叶严重扭曲的可人工剖开心叶。对受害田块及时施肥浇水,喷施芸苔素和优质叶面肥有利于促进植株恢复。

玉米在3~5叶期常受蓟马危害,受害严重的植株心叶卷曲成鞭状,里面的叶片不能正常抽出。受蓟马危害的叶片上有褪绿小点,剥开心叶可见蓟马活动。可选用烯啶虫胺等药防治,重点对心叶和叶背喷雾。严重畸形的植株需人工剖开扭曲的心叶。

(6)注意玉米顶部叶片卷曲的问题。近几年来,在6—7月,玉米拔节至抽雄前,经常可以看到玉米上部叶片卷曲的现象,有的呈牛尾状,有的呈葱心状或鞭状直立,一般发生株率在10%~30%,严重的在40%~50%,对玉米生产构成严重威胁。

通过对不同玉米卷叶地块的实地调查,总结出引起玉米卷叶常见的几种原因。一是除草剂药害。主要是2,4-二氯苯氧乙酸和乙草胺引起的,发生时间较早,一般在6月中旬就能见到。2,4-二氯苯氧乙酸药害症状为叶片卷曲呈葱心状,茎脆易折,叶色浓绿,雄穗很难抽出,气生根畸形,严重时叶片枯黄,无雌穗。乙草胺使用过量容易引起玉米叶鞘不能正常抱卷,心叶变形扭曲成鞭状苗,茎节肿大。除草剂药害引起的卷叶,用手摸鞭状(葱状)叶片扭曲部分感觉非常坚硬,下部有软硬相交部分。除草剂使用过量、施药时间过晚、施药后降水多,以及整地质量不好、镇压不当和播种过深、除草剂飘移等都是引起药害的主要原因。在同一浓度下,不同品种玉米对除草剂的敏感程度也不一样,在相同浓度下敏感品种和一些苗势较弱的品种常常受到药害。另外,2,4-二氯苯氧乙酸飘移可以引起邻近未使用除草剂的敏感玉米品种不同程度的受害,这就是有的地块本身没有使用除草剂,仍表现出药害症状的原因。二是丝黑穗病害。玉米丝黑穗病田间表现症状较为复杂,玉米上部叶片卷曲只是众多症状的一个类型,一般在7月上中旬发生。有的表现为顶部叶片沿中脉一侧卷曲直立,雄穗变形膨大,扒开后可见白色薄膜内有黑粉,叶片出现黄白条纹。有的表现为卷曲较松散,雄穗可以抽出,但花器变形,叶片有黄色条纹。感病品种和未使用有效成分种衣剂包衣、播种时间早的发病率高。三是顶腐病害。玉米顶腐病可在玉米整个生长期侵染发生,表现出不同症状。一般在抽雄前10～15天表现为叶片卷曲呈牛尾状,植株出现不同程度矮化,顶部叶片也会出现短小、组织残缺或皱褶扭曲等现象。玉米生长中、后期,叶基部腐烂,仅存主脉,中上部完整但多畸形,以后生出的新叶顶端腐烂,导致叶片短小、叶尖枯死或残缺不全,叶片边缘常出现似刀削状的缺刻和黄化条纹。苗期侵染,表现为植株生长缓慢,叶片边缘失绿、出现黄条斑,叶片畸形、皱缩或扭曲,重病株枯萎或死亡。玉米顶腐病某些症状与玉米苗期丝黑穗病等病害的症状有相似之处,容易混淆,注意区分,不同品种的玉米发病程度有明显差异。

(7)注意玉米苗期下部叶子发黄的问题。造成这种情况的原因比较复杂。一是土壤缺氮,苗期叶片自下而上发生黄化,一般会从叶尖开始黄化,叶面干净。二是干旱、水淹或肥害(种肥距离苗过近)均会造成根系吸水困难,表现为干旱症状,下部叶片发黄。三是内吸型除草剂药害,内吸型除草剂喷施浓度过大,也会出现生长受阻,下部叶片发黄。四是地下害虫破坏部分根系,造成对应叶子发黄,一般在田间点、片发生。五是玉米幼苗立枯病。在发病初期,表现此种症状,一般田间呈片状发生。

所以,建议根据近期气候、施肥和田间管理情况,综合判断具体原因,针对性采取管理措施。

(8)夏季玉米种子的储存问题。提早晾晒、抓紧降水,种子晾晒最佳时间为3月初至4月底。如种子库存量过大,可根据天气温度适时提前进行晾晒。晾晒时间水分没有达到入库标准,每天可翻动三四次,在气温较高的天气,应多翻动几次方可加快降水入库。入库种子温度不得超过10℃,以保证安全过夏。对入库的种子每个垛要插入3～5个温度计,分上、中、下、左、右等点,并且在垛内放1～2个干湿计,检测时间一般在4月份开始,10月末止。7—9月份每天检测一次,其他月份每7天检测一次,测水、测芽每半个月一次,为保证种子不受虫害,对库存种子一年进行两次磷化铝药剂熏库,分别在6月10日前和8月10日,进行封闭熏蒸。封闭时间一般为5～7天。在7月中下旬倒垛一次,以防大垛压得过实,影响种子呼吸,造成发芽率降低,若库内种子温度过高,也可以用鼓

风机进行通风。库存种子码垛,垛底需垫起35～40厘米(大约10个麻袋高),垛与垛之间留1～1.5米宽的通道,不同品种不得混垛在一起,每个垛要有标牌、标签。库外存放种垛底也需垫起40厘米以上,用席子苫垛,每垛高不超过10个麻袋,封尖垛苫垛时周围用2层席子,顶上用3层席子,中间放1层塑料布防雨。

(9)预防玉米粒发霉。收获季节雨水多,给玉米收获晾晒造成较大困难,极易造成籽粒霉变。要预防玉米粒发霉,应注意以下几点:一定不要在雨天或刚下完雨收获,采收时应等苞叶上的露水消失,避免因苞叶水分过大堆放后引起霉变。收获后要及时剥叶,将玉米果穗挂架或存放在铁网囤中,玉米架或玉米囤放置在向阳、干燥、通风的地方。天气未晴时,尽量不要脱籽,对于大的农场或合作社,由于收获量大,应将玉米棒存放在晾晒棚或通风的仓库内,堆放高度不可过高。同时,注意勤通风、勤翻动。有条件的地方,可与玉米籽粒烘干场联系,及时带棒销售。

第十二章 "大托管"服务进程

▶ 第一节 "大托管"的内涵和基本要求

127 农业生产托管为什么叫"大托管"？

农业"大托管"的"大"，主要是指"大托管"模式与普通农业生产托管相比，具有组织程度更高、服务链条更长、信息服务更高效、利益联结更紧密的特点。在实施耕、种、防、收全程托管的基础上，农业"大托管"模式将服务链条延伸到品种选定、农资供应、订单生产、品牌打造、烘干仓储服务、金融保险等多个领域。同时，通过特有的"保底收益+分红"的收益分配机制，将服务组织、村集体经济组织、农户三方联系在一起，形成了收益共享、风险共担的利益共同体。除此之外，农业"大托管"会根据市场行情，因地制宜进行规模化特色种植，并为托管主体统一提供信息发布、农资供应、生产指导、农机调度、产品销售等覆盖全产业链的配套服务。通过开展农业"大托管"服务，服务组织可以集中采购农作物种子、农资等生产原料，采用先进的耕作技术，发挥现代农业机械装备作业的能力，实现标准化、科学化种植，相当于农户将现代化生产要素引入自家的经营当中，实现农业节本增效。

第二节 "大托管"的工作内容、实施步骤及保障措施

128 农业生产"大托管"示范推广重点工作有哪些内容？

示范县要加强资源整合与政策创新，重点从平台建设、金融支持、行业监管等方面加强工作推进，优化实施环境。

（1）搭建县级"大托管"信息服务平台。发挥现有土地承包经营权流转服务平台、农村产权交易平台等平台的作用，开展托管信息发布和供需对接，实现"大托管"信息服务功能。引导国有或民营公司积极参与，拓展平台服务功能，逐步搭建县级"大托管"信息服务平台，用数字化、网络化技术将良种、良法、良机、信息等生产要素聚合起来，实现"大托管"服务"一网覆盖""一屏通办"。

（2）成立乡镇"大托管"服务中心。依托乡镇综合农事服务中心，探索"全程机械化+综合农事"服务模式，为托管主体提供耕、种、防、收等全程机械化服务。具备条件的乡镇服务中心可将服务内容拓展到农资统购、技术示范、咨询培训、产品销售等环节，构建全产业链农事服务体系。

（3）创新金融服务。鼓励金融机构围绕农业生产托管创新金融服务，减少审批环节，开发"托管贷""信用贷"等产品，解决托管主体"融资难、融资贵"难题。推进银担联动，引导担保机构为托管主体提供信贷担保服务。支持保险机构开发和推广适合的保险品种，为"大托管"工作提供保障。

（4）加强质量监管。示范县要加强"大托管"制度建设，统一制定托管服务标准，加强服务价格监管，强化行业管理。建立信誉评价制度，定期对托管主体开展信誉评价。对服务质量差、农民投诉多的，三年内取消其承接"大托管"服务的资格。

129 农业生产"大托管"示范推广工作的实施步骤有哪些？

农业生产"大托管"示范推广工作主要分三个阶段开展：

（1）前期准备（2022年4—5月）：制订省级实施方案，组织各市对所辖县（市、区）村党组织建设、农业生产条件、服务组织数量、群众积极性等情况进行调查摸底,研究确定"大托管"示范县。指导示范县制订实施方案,确定实施"大托管"的乡镇、村,制定托管服务标准,建立服务组织名录库和信誉评价制度等。

(2)示范推进(2022年6月至2023年6月):示范村引入服务组织,签订托管协议,制订种植方案,有序开展农业生产。示范乡镇建立"大托管"服务中心,健全"大托管"综合服务体系。示范县建立县级"大托管"信息服务平台,指导推进"大托管"工作。

(3)总结推广(2023年7月至2025年年底):扩大示范范围,总结农业生产"大托管"工作,提炼典型经验,健全农业生产"大托管"长效机制,推动"大托管"模式走深走实,努力打造安徽现代农业建设的示范工程和深化农村改革的重要品牌。

130 农业生产"大托管"示范推广工作的保障措施有哪些?

(1)加强组织领导。建立省统筹、市指导、县实施的"大托管"示范工作机制。市级农业农村部门要加强政策研究和业务指导,做好跟踪服务。示范县要建立健全由党委政府统一领导、农业农村等相关部门共同参与的领导机制,切实加强对"大托管"工作的组织领导、统筹协调、督促指导等。要制订"大托管"示范方案,明确示范任务、重点工作和推进措施等,强化任务落实,稳慎推进示范工作。

(2)推动政策落实。示范县要把"大托管"工作与"两强一增"行动紧密结合起来,积极整合涉农项目资金,重点支持"大托管"镇、村开展农田整治和宜机化改造,推动优质专用粮食生产,加强乡镇综合农事服务中心、育秧工厂、粮食烘干及仓储等设施建设,改善"大托管"示范基础条件。落实好各类补贴政策,提高农户与服务组织参与"大托管"的积极性。

(3)稳慎组织实施。示范县要做好基础工作,指导镇、村开展群众意愿摸底,确定示范乡镇、村。要引导村集体经济组织与农户、服务组织规范签订服务合同,强化内容约束和可追溯管理。要发挥基层组织功能,做好服务过程中的矛盾化解工作。要强化民主监督,引导农户代表、村集体经济组织积极参与服务监管和质量监督。要加强农业生产风险分析预警,提高服务主体应对风险能力。

(4)开展宣传培训。各地要采取基层干部群众喜闻乐见的形式,广泛开展"大托管"政策宣讲,营造良好的社会氛围。组织开展业务培训,

有效提升基层干部的能力和水平。要在遵循"大托管"基本要求的前提下,因地制宜探索形式多样的"大托管"模式。坚持边示范、边总结,及时提炼示范过程中的好经验、好做法,选树一批示范典型。

(5)强化督导调度。各地要将"大托管"示范工作列入"两强一增"行动调度内容,建立健全督导调度机制,综合运用督导、督查等多种手段,做好跟踪指导和工作监管。对工作推进缓慢、落实执行不力的,要及时进行通报,切实保障"大托管"工作的进度和质量。

▶ 第三节　典型托管案例实践内容

131　"1+3+N"农业生产托管模式是如何实施的?

柳绿朝烟农业生态发展有限公司成立于2017年6月,公司主营农作物秸秆回收、加工、销售,有机肥生产与销售,畜禽粪污收集处理、综合利用,服务全县种养大户。该公司采取"1+3+N"的社会化服务模式进行运作,即1个公司、3个大队、N个服务对象。柳绿朝烟农业生态发展有限公司是服务主体,由其制订服务方案,实施服务计划。粪污回收大队、秸秆收集大队、粪肥施撒大队3支服务大队为全县种养大户提供专业化服务。其中每个大队配备农机操作人员15~20人,能熟练驾驶各类农机农具。针对畜禽粪污回收方面,每个养殖场指定专人专车,每天及时拉走养殖场粪污,集中运送到指定发酵池堆沤发酵。针对农作物秸秆回收方面,打捆、装载、运输一条龙服务,实行流水作业,每台日均可收集80~100亩土地秸秆。针对施肥环节,主要流程为运肥车运散装有机肥至田边,再由铲车转运至撒肥机,最后均匀施撒到田间地头,一天可完成600亩水田施肥任务。在为环境减污增益、绿色种养的基础上,同时为全县种养大户节本增效400万~500万元。

132　"五统一"服务模式是如何实施的?

"五统一"服务模式主要指在服务期间推行统一良种供应、统一肥水管理、统一病虫防控、统一技术指导、统一机械作业,累计服务面积在20万亩次以上。第一,该公司采取的"服务组织+新型农业经营主体+农户"模式。推进农业供给侧结构性改革,加快培育多元服务主体,支持农业生产托管发展。第二,该公司常年和农业技术部门合作,以"农业技术部门+服务组织+农户"的模式开展测土配方施肥、侧深施肥、水稻工厂化育秧、水稻小麦病虫害全程绿色防控技术。该公司拥有收割机、烘干机及筛选机等多种农机装备,2022年参与农业生产托管服务,为周边种植户提供机耕、机插、收割、收购及烘干服务共计2500亩,为周边农户提供旋耕、机插耕作、播种、飞防、收割等作业服务4.2万亩次。同年开展了1000余亩的订单农业生产及全程托管服务,为周边种植大户提供旋耕、机插耕作、播种、飞防、收割等作业服务3.9万亩次。

133 "托管+平台"的"双擎"发展模式是如何实施的?

安徽金土地农业机械服务有限公司以粮食种植托管为主线,建立"托管+平台"服务的"双擎"发展模式,积极推进小农户和现代农业发展的有机衔接。"托管"即公司引导周边村民将小麦、玉米等各生产环节进行托管服务。"平台"则是合作社成立了乡村振兴农机信息服务中心,开展农业技术培训、农机销售租赁和作业信息化推广等综合性服务。在村集体经济组织的协助下,全村结成经济发展共同体,将资金、土地、农机等资源整合起来,实现"统一机耕、统一供种、统一施肥、统一供药、统一管理"。通过"村和公司互补"模式共服务816户农户,托管土地2150亩,每亩节本增收312元,每年增加村集体经济收入30万元。当地合作社在当地党委政府的支持下,于2022年成立了阜阳市乡村振兴农机社会化服务中心,自成立以来多次开展农业生产技术、农机操作托管培训。既为广大小农户解决了耕种难的问题,也通过农机的载体功能,使先进、适用的农业技术得到更好的应用和推广。该公司还与北京金色大田科技公司合作,通过搭建数字化管理系统平台,安装外接式北斗终端,提高了作业面积的精准度。

134 "1+6+N"托管服务模式是如何实施的?

山西省黎城县晋福村发挥村集体经济组织优势,推出"1+6+N"农业生产托管服务模式,以村集体经济组织为载体提供托管服务、提供6种套餐服务、进行N种作物轮作。首先,围绕"谁来种地"。立足村民需求,用好"1"个载体。为解决村民外出就业、种粮劳动力缺失的难题,晋福村以村集体股份经济合作社为载体,整合周边上庄、李庄等6个村的40余台大型农机具、30余名农机手,统一为村民提供规模化、机械化土地托管服

务。村集体对土地统一管理、统一经营,有力地解决了务工农户车间和田间两头跑的麻烦。其次,围绕"怎么种地"。紧扣农业生产,提供"6"类套餐。分户对接、集中统计,根据选用的种子、化肥、农药等农资和服务环节的不同,定制全托管、半托管"A、B、C、D、E、F"6种套餐,分别制定6种不同的收费标准。最后,围绕"如何种好地"。深挖地块潜力,探索"N"种模式。晋福村积极调整农业种植结构,深挖土地潜力,针对不同地块,分别采取轮作、套作、间作等N种模式种植不同农作物,确保一年四季土地不闲、农机不歇。

135 "龙头企业+村集体经济组织+规模经营主体"模式是如何实施的?

安徽省淮南市毛集实验区焦岗湖镇穆台村,2020年秋季主动申请加入农业生产大托管试点。村党支部充分发挥集体战斗堡垒作用,坚持党建引领、市场导向,顺应农业发展的趋势,村"两委"班子决定发展规模经营增加农民收入。在广泛宣传动员的基础上,以900元/亩的托管保底收益,村股份经济合作社与641户农户签订了托管协议,托管土地3405亩,占全村耕地面积的88.2%,并甄选出3个经营主体经营。同年为提高宜机化耕作,开展"小田并大田"行动。将原来1023块小田并成52块大田,由原来块均不足2亩,变成现在的每块30亩到50亩不等。同时,新增耕地21.6亩,大大提高了机械的使用效率。为助推产业升级,积极对接农产品加工龙头企业,将托管的土地实行"龙头企业+村集体经济组织+规模经营主体"模式,大力发展订单农业,建立标准化的优质粮食生产基地,打造出"一村一品",推动第一、二、三产业融合发展。2021年,通过托管,农户在原有基础上每亩可增收300元以上,村集体经济实现增收20.4万元。

136 "合作社+村集体+家庭农场+农户"托管模式是如何实施的?

近年来,面对新常态下改革创新,安徽省黄山市黟县紧紧围绕农业生产"大托管""两强一增"行动,加快转变农业发展方式,着力推进传统农业向现代农业的转型升级。黟碗米粮油种植农民专业合作社由3家粮油合作社、6家家庭农场组成,其主要负责提供加工、销售、耕地、育秧及烘干等全程机械化服务;家庭农场负责粮油的生产、日常管理、技术服务;村集体经济合作社负责牵头社会化服务产前、产中、产后的各项事务。合作社围绕农业生产大托管,提供耕、种、防、收、烘全程菜单式托管服务,利用专业服务队伍完成农业生产旋耕整、育秧机插秧、无人机病虫害防治、机械收割粉碎还田、烘干等服务。合作社与601位农户签订土地全程托管协议,发展优质生态粮油种植,种植成本比一家一户降低300元/亩,助力农户增产增收。在防治上,采用无人机病虫害防治,根据农作物片区统一时间、科学防治,实现了成片化防治管理,方便了农作物病虫害的统防统治工作,减少农药使用量和喷施次数,农药用量减少了10%~15%,化肥施用量减少了20%以上。目前,合作社已开展5个村286户共1074亩水稻、油菜农业生产托管,取得了良好效益。

137 "农机专业合作社+家庭农场+农户"模式是如何实施的?

利用"农机专业合作社+家庭农场+农户"的模式,充分发挥农机合作社的优势,加强资源整合,把分散的农机户、种植户、家庭农场联合起来,改变过去单一的作业模式,为广大农机户、小农户和帮扶户提供产前、产中、产后一条龙全程机械化作业服务,促进农民增收。在做好社会化生产服务的同时,利用农机培训中心、农机维修中心,在农闲时节开展技术培训和农机维修便民服务。利用信息化管理开展信息咨询与发布,在农作物收获季节组织机械开展跨区作业。农业机械使用率高达95%,单机作业收入帮助每户每年增收40%以上,随着作业面积的不断扩大、作业项目的不断增多,合作社雇用了大量长期工或临时工,促进了农民就业,增加了农民收入。

138 "企业+高校+农户+统一销售"模式是如何实施的?

"企业+高校+农户+统一销售"模式主要是将经营主体和服务主体有机联合在一起,积极探索农业生产全程托管模式,解决农业生产买、种、管、卖等环节面临的问题。第一,农资统一采购,降本增效,解决买的问题。在农业生产过程中,传统农资销售模式往往由厂家、省级、县级、乡镇,经过各个层级后才能流通到农户手中,而安徽新绿地粮油产业化联合体(位于安徽省固镇县,是一家由服务主体和经营主体组织起来的联合体)根据当地的土壤结构特点,选择有实力的厂家合作,统一采购农业生产资料,减少中间环节,让农户拿到质量可靠、价格低廉的产品。以化肥、农药采购为例,联合体给农户采购的化肥每袋比市场零售价便宜约20元,农药种子的采购比散购便宜40%,综合折算下,每亩少投资约100元,有效降低了生产成本。第二,农机统一服务,保质保量,解决种的

问题。联合体结合实际,由联合体成员省级农机示范合作社固镇天泽农机专业合作社牵头,组织农机手,统一签订合同,统一培训,统一要求及时更新换代新的农机设备,规范化地进行农机作业,有效降低了服务对象的作业成本,每亩土地比往年直接降低耕作成本20元,亩均增收在10%左右,并提升了种植环节的质量。第三,农技统一提供,新技术及时推广,解决管的问题。通过专业的技术人员和当地农技推广部门及高校的专家教授,能够及时了解到小麦、玉米新品种的特性及新的病虫害防治手段。第四,销售统一进行,企业农户共赢,解决卖的问题。通过选择优良品种进行统一种植,解决现在农户由于品种混杂造成的混售,卖不出市场合理价格问题。在此基础上,联合体成员固镇县金桥粮油贸易有限公司专门负责农产品的运输、干燥、储存、加工、销售。为打造优质高效农业,联合体与合肥工业大学合作,在皖北地区建立优质富钙小麦试验示范区1个,富钙指标不低于20%,正在创建"富钙小麦"品牌。

139 "电商企业+合作社+农户"模式是如何实施的?

安徽省亳州市蒙城县紧抓农村电商服务产业,充分发挥农村电商对乡村振兴的作用,以实施国家电子商务进农村综合示范项目、农产品出村进城项目、"互联网+"现代农业等项目为契机,积极制定了一系列政策措施,采取"电商企业+合作社+农户"等模式,拓展了农业社会化服务范围,先后制定鲜食花生、鲜食玉米等4个电商产品标准,涌现了"金丝黄菊"等一批畅销电商品牌,不仅增加了村集体经济收入,也"红"了乡村振兴路。政府为蒙城县电子商务工作成立了领导小组,不断加强组织领导,为电商产业发展组织提供保障。为加强本土电商人才培育,蒙城县采取了多种措施,积极引导各乡镇统筹联动,开展线上线下相结合的多层次的电商培训。加大电商人才培养力度,夯实农业发展社会化服务人才基础。电商企业与合作社积极创建区域公共品牌。围绕"三品一标"资源,推动同类品牌向优势品牌集聚,成功注册初级农产品上行区域公共品牌,不断增加村集体经济收入。

140 "4+4"模式是如何实施的?

第一个"4"表示"政府+社会服务组织+养殖场+农户",也就是"政府引导+市场化运作"的项目运行机制,政府鼓励社会服务组织、养殖场和农户积极参与到项目中来,逐步培育一批有场地、有设备、有人员、有经验和有服务意识的"五有"社会服务组织持续参与有机肥还田。第二个"4"表示4种有机肥还田模式。一是水肥管网还田模式。养殖场建立水肥管网,社会化服务组织利用水肥管网把养殖场厌氧发酵成熟的肥水通过喷洒的方式施用到田。二是水肥罐车还田模式。社会化服务组织用罐车将养殖场处理达标的肥水浇施到养殖场周边农田。三是固体堆肥还田模式。养殖场产生的固体粪污就地堆沤或者由社会化服务组织集中收储、堆沤,通过检测达标,由服务组织运送、撒施到农田。四是商品有机肥还田模式。有机肥厂或社会服务组织从养殖场收集固体粪污进行堆沤腐熟,然后有机肥厂对其进行进一步加工,生产出符合国家标准的商品有机肥。

附录1 政策文件统计表

表1 农业生产托管服务相关政策文件

政策文件	主题	主要内容
中共中央、国务院《关于全面深化农村改革加快推进农业现代化的若干意见》	构建新型农业经营体系	采取财政扶持、税费优惠、信贷支持等措施,发展主体多元、形式多样的社会化服务,推行合作式、订单式、托管式等服务模式,扩大农业生产全程社会化服务试点范围
中共中央、国务院《关于落实发展新理念加快农业现代化 实现全面小康目标的若干意见》	持续夯实现代农业基础,提高农业质量效益和竞争力	支持多种类型的新型农业服务主体开展代耕代种、联耕联种、土地托管等专业化规模化服务
农业部、发展改革委、财政部《关于加快发展农业生产性服务业的指导意见》	不断创新服务方式	总结推广地方经验,探索形成的"土地托管""代耕代种""联耕联种""农业共营制"等托管形式,把发展农业生产托管作为主推服务方式
农业部办公厅、财政部办公厅《关于支持农业生产社会化服务工作的通知》	促进农业适度规模经营	通过政策引导小农户广泛接受农业生产托管、机械化烘干等社会化服务,集中连片地推进绿色高效的现代农业生产方式
中共中央、国务院《关于深入推进农业供给侧结构性改革 加快培育农业农村发展新动能的若干意见》	优化产品产业结构,着力推进农业提质增效	大力培育新型农业经营主体和服务主体,通过经营权流转、股份合作、代耕代种、土地托管等多种方式,加快发展土地流转型、服务带动型等形式

续表

政策文件	主题	主要内容
中共中央办公厅、国务院办公厅《关于促进小农户和现代农业发展有机衔接的意见》	健全面向小农户的社会化服务体系	创新农业生产服务方式,适应不同地区不同产业小农户的农业作业环节需求,发展单环节托管、多环节托管、关键环节综合托管和全程托管等多种托管模式
中共中央、国务院《关于抓好"三农"领域重点工作确保如期实现全面小康的意见》	保障重要农产品有效供给和促进农民持续增收	重点培育家庭农场、农民合作社等新型农业经营主体,培育农业产业化联合体,通过订单农业、入股分红、托管服务等方式,将小农户融入农业产业链
中共中央、国务院《关于做好2022年全面推进乡村振兴重点工作的意见》	全力抓好粮食生产和重要农产品供给	聚焦关键薄弱环节和小农户,加快发展农业社会化服务,支持农业服务公司、农民合作社、农村集体经济组织、基层供销合作社等各类主体
农业农村部《关于稳妥开展解决承包地细碎化试点工作的指导意见》	促进基础设施完善	支持家庭农场发展,引导规范流转土地、健全管理制度、应用先进技术、加强农田基础设施建设、开展标准化生产、支持家庭农场主进行职业技能培训等
山西省农业农村厅《关于开展农业生产托管高质量发展试点工作的通知》	开展农业生产托管高质量发展试点	坚持政府引导、市场主导、农户自愿,建立完善农业生产托管组织体系,健全农业生产托管政策支持体系,培育壮大农业生产托管服务主体,推进农业生产托管服务资源整合,形成一批典型经验
中国建设银行股份有限公司山西省分行《关于开展农业生产托管金融创新服务试点工作的通知》	开展金融创新服务试点工作	有效提升农业社会化服务信息化、数字化、智能化水平,形成社会化服务产业,助力小农户和现代农业发展有机衔接

附录2 托管环节收益分配表、生产成本统计表、绩效考核表

表2 "大托管"收益分配表（单位：元/亩）

	村集体自营方式		村集体与服务组织合作方式	
村集体	自营收益		服务费	收益分红
农户	土地保底收益	二次分红	土地保底收益	二次分红
服务组织	无			

表3 农产品农户自种与大托管生产成本比较（单位：元/亩）

项目		农户自种费用（A）	大托管费用（B）	大托管实际生产成本（C）	大托管与农户自种费用差（A–B）	大托管生产环节托管收益（B–C）
产前	肥料					
	种子					
	农药					
	耕整地					
产中	植保					
	收割+脱粒					
产后	运输					
	烘干					
	水电费					
其他	辅助用工					
合计						

表4 农业生产"大托管"绩效考核表

	一级指标	二级指标	三级指标	计量单位	目标值
绩效指标	产出指标	数量指标	全程托管服务面积	万亩	
		质量指标	全程托管服务作业达标率(服务主体与被服务对象托管合同约定标准)	%	≥90
		时效指标	年度大托管财政资金执行率	%	≥95
		成本指标(农业生产关键环节成本)	耕地		明显降低
			播种		明显降低
			植保防护		明显降低
			收割		明显降低
	效益指标	经济效益指标	大托管村级集体经济年均收入		明显提高
			被托管农户年均收入		明显提高
			经营主体年均收入		明显提高
			农管家平台年均收入		明显提高
			大托管农作物单产		明显提高
			农业生产效率		明显提高
		社会效益指标	托管农户数占全县比重		
			托管面积占全县耕地比重		
		生态效益指标	农业绿色生产面积占大托管面积比重		
			亩均化肥施用量		明显降低
			亩均化学农药施用量		明显降低
			亩均除草剂施用量		明显降低
		可持续影响指标	农作物综合机械化率		明显提高
			农业生产标准化率		明显提高
			农作物良种覆盖率		明显提高
	服务对象满意度指标	服务对象满意度指标	受托管服务小农户满意度	%	≥95
			提供托管服务的经营组织满意度	%	≥95

附录3 农业生产托管合同示范文本(安徽省)

甲方(接受服务方):_____ (法人)身份证号:_____
地址:_____ 联系方式:_____
乙方(提供服务方):_____ 法人身份证号:_____
地址:_____ 联系方式:_____

根据有关法律法规及政策规定,甲乙双方本着平等、自愿、有偿的原则,就有关事项协商一致,订立本合同。

第一条 服务内容

甲方将_____县(市、区)_____乡(镇、街道)_____村(社区)_____村民小组(居民小组)的___亩_____(作物,如:小麦、水稻、玉米等)的全程种植技术解决方案委托给乙方开展生产托管服务。

(甲方如托管两个地块以上作物的,可按本款格式补充。)

第二条 服务标准

甲乙双方根据田块往年生产情况,约定亩均农作物(如:小麦、水稻、玉米等)产量___斤(或千克),或约定亩均农作物收益___元,如未达到约定产量或收益,经双方协商,补偿金额为___元,具体补偿方式为_____。

第三条 服务期限

乙方根据农时需要和生产技术要求,在__年_月_日至__年_月_日期间完成甲方委托的_____作物全程生产托管服务。

第四条 服务费用

乙方为甲方提供的生产托管服务价格为人民币__元/亩,服务面积__亩,总费用人民币_____元(大写:_____)。(如乙方提供的服务无法按照上述方式计算服务费用,甲乙双方可根据实际服务过程中的具体情况协商约定服务费用。)

第五条　支付方式

1.乙方所有服务完毕并经甲方验收合格后,从甲方委托乙方销售农业收益中扣除服务费用。

2.约定乙方完成生产托管服务后,甲方一次性支付全部服务费用。

3.约定甲方于本合同签订当日,支付乙方服务费用总额的百分之(小写:_%)计人民币___元(大写:_____)作为订金。乙方所有服务完毕并经甲方验收合格后,甲方于_日内支付乙方剩余服务费用人民币___元(大写:_____)。(三种方式可以任选其一。)

第六条　权利和义务

在托管地块承包经营权不发生变动,相关财政补贴按照政策规定执行的前提下,甲乙双方权利义务明确如下:

(一)甲方的权利和义务

1.托管地块产出品归甲方所有。

2.按照合同约定接受乙方提供的生产托管服务,要求乙方按照约定标准开展服务。对乙方服务进行监督和评价,验收服务成果。

3.有权阻止乙方实施破坏农用地和其他农业资源的行为。若因乙方故意或过失破坏托管地块种植条件、给土地造成严重损害或者严重破坏土地生态环境的,有权要求乙方赔偿由此造成的损失。

4.为乙方开展生产托管服务提供必要条件。(甲乙双方可根据实际情况约定甲方应提供必要条件的具体内容和时间。)

5.法律、法规、规章和政策所规定的其他权利和义务。

(二)乙方的权利和义务

1.要求甲方在约定时间内提供必要的作业条件,并对服务结果进行验收。

2.按照合同约定为甲方提供符合约定标准的生产托管服务,并向甲方解读服务内容。

3.法律、法规、规章和政策所规定的其他权利和义务。

第七条　违约责任

(一)甲方逾期未支付服务费用的,从逾期之日起每日按应支付服务费用总额的百分之____(小写:__%)向乙方支付违约金,但不超过应付

服务费用总额的百分之五十。

（二）乙方未按本合同约定提供服务，造成甲方损失的，应予以赔偿，具体赔偿金额和方式双方协商确定。

（三）任何一方违约所造成的损失，均由违约方负责赔偿。

（四）因不可抗力等重大因素导致本合同无法履行的，双方可以协商解除本合同，双方均不承担违约责任。

第八条　争议处理

甲乙双方发生争议，应协商解决。如协商不成，可以向服务所在地乡镇人民政府申请调解，也可以向服务所在地人民法院提起诉讼。

第九条　其他约定事项

（一）本合同自甲乙双方签字之日起生效。

（二）未尽或须调整事宜经甲乙双方协商一致可签订补充协议，补充协议与本合同具有同等法律效力。补充协议与本合同不一致的，以补充协议为准。

（三）服务所在地乡镇人民政府可对甲乙双方的托管服务关系予以指导和监督。

（四）其他约定事宜：＿＿＿＿＿＿＿＿＿。

甲方（签字或盖章）：＿＿＿＿＿＿

时　间：＿＿年＿＿月＿＿日

乙方（签字或盖章）：＿＿＿＿＿＿

时　间：＿＿年＿＿月＿＿日

附录 4　农业生产托管服务标准指引

表 5　农业生产托管服务标准指引表

托管服务事项	具体内容	约定标准(由甲乙双方协商约定)	备注
□备耕(生产计划制定和农资农机准备)	□备耕时间		甲乙双方可协商约定备耕时间范围
	□农资采购		根据托管规模制定年度生产计划,列出种、肥、药等农资采购品种,单价、单位用量及配给方式,同时注明农资采购完成时间
	□农机选用		每个作业环节所用农机型号及作业能力,同时注明农机保障完成时间
	□……		
□耕整地	□作业模式		根据当地耕作制度和生产实际,列出主要耕整地模式,如旋耕、深翻、深耕、免耕等方式
	□作业时间范围		根据农时,列出耕整地作业起止时间范围及进度安排
	□作业技术要求		作业要求列出所采用机械的作业深度、作业幅宽,作业速度等技术指标
	□作业质量		说明各个作业环节可达到的作业效果
	□……		

托管服务事项	具体内容	约定标准（由甲乙双方协商约定）	备注
□种子处理	□种子处理工艺		如包衣等，说明使用的药剂及其成分和用量
	□种子处理时间		根据农时，说明种子处理时间范围和进度安排
	□种子处理要求		说明种子处理应达到的效果
	□……		
□种植	□种植方式		按种子品类、耕作制度、地块面积、土壤特性等综合选定不同种植方式，如免耕播种、常规播种、移栽等
	□种植时间范围		根据农时，注明作业起止时间范围和进度安排
	□作业要求		列出所采用机械的作业幅宽、速度、深度、行距、株距，以及种、肥、药等农资使用量。非直播水田插秧在本环节说明。播种的同时采用机械施肥的，列出机械作业方式（如侧施肥）、幅宽、速度、深度、种肥间距等特性并注明用肥品类品牌、施用方法和施肥量
	□作业效果		说明可达到的作业效果
	□……		

续表

托管服务事项	具体内容		约定标准（由甲乙双方协商约定）	备注
□田间管理	□中耕追肥	□时间范围		说明进行中耕追肥的时间范围
		□作业要求		根据农艺技术要求，确定采用机械的作业幅宽、速度、深度等特性，并注明用肥品类、施用方法和施肥量。水田不进行中耕，但不同生育期需肥量、品类和施用方法要注明
		□作业效果		说明中耕追肥需要达到的指标，如耕深、培土厚度、精准施肥等
	□灌溉	□灌溉时间范围		说明灌溉的时间范围
		□灌溉制度		按作物不同生育期需水量标准，同时结合当地实际情况制定灌溉制度，如采用水肥一体化技术
		□灌溉技术要求及作业效果		说明采用的灌溉技术要求，如灌溉水源、灌溉量等。说明灌溉应达到什么效果
	□植保	□植保方案		针对作物不同生育期易发生的病虫草害，制定科学防治预案，注明易爆发的时间范围、诱发环境和形成灾害的表现，列出对应适用的农业防治、生物防治、物理防治和化学防治等防治措施，包括相应的药剂施用方案、设备设施布置方案、天

续表

托管服务事项	具体内容		约定标准（由甲乙双方协商约定）	备注
□田间管理	□植保	□植保方案		致释放数量方案等。本部分难点在于灾害诊断，各服务主体应有专业的技术人员（或聘任兼职专家）负责防治方案的制定和实施，或将本项工作托管给业的植保队伍
		□植保作业机具		列出植保方案中的作业机具，如无人机、高地隙植保机等
		□植保作业效果		说明植保作业的效果
	□……			
□作物收获	□收获机机型			按作物品种、收获物、地块面积和地形条件选择收割机机型
	□作业时间范围			按作物成熟度、气象条件、确定收割时间及作业进度
	□作业要求			列出所采用收割机的作业宽度、速度、割茬高度、籽粒损失率、秸秆切碎长度、割茬高度、籽粒破碎率、果穗损失率、秸秆抛撒不均匀率等作业特性
	□作业效果			说明可达到的作业效果
	□……			

续表

托管服务事项	具体内容	约定标准（由甲乙双方协商约定）	备注
□秸秆处理	□秸秆处理情况		根据农业生产服务主体实际情况，说明作物秸秆利用时间和利用情况，包括秸秆离田、秸秆还田
	□秸秆离田农机具		如果秸秆离田，列出所用的打包机、制粒机、运输车辆、装卸搬运机械等机具的名称、型号、作业效率等
	□秸秆还田方式		如果秸秆还田，说明采用的还田方式，如秸秆全量粉碎还田、秸秆覆盖还田、翻埋（压）还田等
	□秸秆还田农机具		列出所用机具的名称、型号、作业效率等
	□……		
□烘干及仓储	□烘干标准及方式		依据作物用途确定烘干时间、烘干标准和烘干方式，如热风干燥、微波干燥等
	□烘干机		列出采用的烘干机型号、烘干效率及达到的烘干质量
	□仓储方式及要求		说明仓储时间和方式，一般烘干结束后应将作物按分类仓储，保证不混杂，粮仓保持日常通风干燥，有效保障作物品质
	□……		

续表

托管服务事项	具体内容	约定标准（由甲乙双方协商约定）	备注
□销售	□……		约定销售时间或销售价格等
	□……		
□技术解决方案	□……		水肥药托管方案或全程种植技术解决方案等
	□……		
□全程托管	□……		约定亩均农作物产量或亩均农作物收益，如未达到约定产量或亩均收益，双方协商补偿金额或具体补偿方式等
	□……		

注：1. 甲乙双方根据约定选择服务事项和服务内容，也可根据实际情况增加具体服务内容。

2. 本《农业生产托管服务标准指引》一式两份，甲乙双方各执一份，附于《农业生产托管服务合同示范文本》之后，具有同等法律效力。

甲方（签字或盖章）：_____

时　间：____年__月__日

乙方（签字或盖章）：_____

时　间：____年__月__日

附录5 安徽省水稻农业社会化服务规范(试行)

1.范围

本文件规定了水稻社会化服务基本要求、服务内容和要求、服务管理。

本文件适用于水稻生产的农业社会化服务。

2.规范性引用文件

下列文件中的内容通过文中的规范性引用而构成本文件必不可少的条款。其中,注日期的引用文件,仅该日期对应的版本适用于本文件;不注日期的引用文件,其最新版本(包括所有的修改单)适用于本文件。

GB/T 4404.1 粮食作物种子 第1部分:禾谷类

GB 16151 (所有部分) 农业机械运行安全技术条件

GB/T 29890 粮油储藏技术规范

GB/T 32980 农业社会化服务 农作物病虫害防治服务质量要求

NY/T 650 喷雾机(器) 作业质量

NY/T 1276 农药安全使用规范 总则

NY/T 1534 水稻工厂化育秧技术规程

NY/T 2090 谷物联合收割机质量评价技术规范

DB/T 795 机插秧水稻大田耕整地作业技术规程

DB/T 2358 水稻工厂化育秧技术规程

DB34/T 2545 沿江江淮地区杂交水稻麦茬旱直播栽培技术规程

DB34/T 4209 沿江地区水稻全生育期主要病虫害综合防控技术规程

3.术语和定义

本文件没有需要界定的术语和定义。

4.基本要求

4.1 服务组织

4.1.1 应具有独立法人资质和与服务内容相适应的经营范围。

4.1.2 应具有满足需要的办公场所、工作团队和相应的设施设备。

4.1.3 应具有完善的规章制度和规范的服务程序。

4.1.4 应定期开展相关业务培训。

4.2 服务人员

4.2.1 掌握农业生产相关法律、法规和政策文件。

4.2.2 具备良好的职业道德。

4.2.3 具备满足服务岗位要求的专业知识。

4.2.4 熟练掌握岗位技能,有资质要求的应持证上岗。

4.2.5 熟悉服务程序和服务要求。

4.2.6 定期接受业务培训。

4.3 设施设备

4.3.1 具有必要的农机设施设备,如耕整地设备、育秧设备、播种设备、灌溉设备、施肥设备、植保设备、收割设备、烘干设备、仓储设备等,质量应符合 NY/T 2090 、GB 16151(所有部分)等相关标准要求。

4.3.2 具备符合安全要求的农药、肥料、农业机械等物质储存条件和人员安全防护条件。

4.3.3 农业机械运行应符合 GB 16151(所有部分)的要求。

4.4 服务评价

4.4.1 服务组织应定期开展内部工作评价,每年至少开展1次由服务对象参与的外部评价,必要时可邀请第三方进行评价。

4.4.2 根据评价结果不断改进服务内容和服务方式。

5.服务内容

5.1 农资采购和农机选用

5.1.1 内容

5.1.1.1 了解服务对象对水稻种子、农药、化肥等农资采购品种、单价、数量等需求;了解服务对象对农机型号、作业能力、完成时间等需求。

5.1.1.2 按照需求及时提供水稻种子、农药、化肥等农资购买和供应服务,以及各环节农机选用服务。

5.1.2 要求

种子应通过国家或省级审定的,或由当地农业部门推荐的,质量应符合GB/T 4404.1的规定;农药、化肥及农机应符合相关规定。

5.2 耕整地

5.2.1 内容

根据服务对象需求,提供旋耕、深翻、深耕、免耕等一种或几种耕整地方式。

5.2.2 要求

5.2.2.1 根据当地的种植模式、农艺要求、土壤条件、水源状况,选择机械化耕整地作业方式和作业时间。

5.2.2.2 耕整地和沉实作业技术及要求可参考 DB/T 795 的规定。

5.2.2.3 旱耕耕翻深度宜 18 ~ 25 cm,旱耕旋耕深度宜 14 ~ 16 cm;水耕旋耕深度宜 16 ~ 18 cm;植被覆盖率>85%;或根据用户需求调整耕深。

5.2.2.4 耕整后,田块平整无残茬,全田高低差≤3 cm;沉实后田表水层深 1 ~ 3 cm。

5.3 育秧

5.3.1 内容

5.3.1.1 了解服务对象对种子品种、育秧方式等需求。

5.3.1.2 根据服务对象需求,提供水稻种子处理和育秧服务。

5.3.2 要求

5.3.2.1 播种前做好晒种、除芒、选种、浸种和催芽等处理,处理技术应符合 NY/T 1534 的规定。

5.3.2.2 播种期应根据前茬让茬时间、品种特性、苗龄等因素确定。一般一季稻播种时间,空闲田茬 4 月上旬,油菜茬 4 月下旬至 5 月上旬,小麦茬 5 月中旬至 5 月 25 日前;双季早稻一般 3 月底至 4 月初。

5.3.2.3 播种量根据品种种类和秧盘规格确定,一般杂交中籼稻干谷 70 ~ 80 g/盘、19 ~ 21 盘/亩,常规中晚干谷 100 ~ 120 g/盘、22 ~ 24 盘/亩,双季稻 26 ~ 28 盘/亩。

5.3.2.4 应按农艺要求调整育秧播种机械进行试播,检查播种作业质量,达到要求后再正式作业。

5.3.2.5 工厂化育秧技术可参考 DB/T 2358 的规定。

5.3.2.6 秧苗应根系发达、苗高适宜、叶挺色绿、均匀整齐。早稻、再生稻头季叶龄 3.0 ~ 3.5 叶,苗高 13 ~ 18 cm,秧龄 22 ~ 30 d。一季稻叶龄 3.0 ~ 4.0 叶,苗高 13 ~ 18 cm,秧龄 18 ~ 22 d。秧块应苗齐苗匀,根系盘结牢固,提起不散。常规稻有 2 ~ 3 苗/cm²、杂交稻有 1 ~ 2 苗/cm²。

5.4 移栽

5.4.1 内容

5.4.1.1 了解用户对秧苗移栽时间、移栽面积、移栽行距、移栽株距、施肥等需求。

5.4.1.2 根据服务对象需求,提供秧苗移栽服务。

5.4.2 要求

5.4.2.1 根据育秧方式、播种期、茬口安排和秧龄,起垄后适期移栽。

5.4.2.2 移栽前一天把格田水层调整到1 cm左右(呈花达水状态)。

5.4.2.3 移栽密度:一般单季水稻宜采用30 cm宽行距,杂交稻穴距17～20 cm,每穴2～3株,密度1.1万～1.3万穴/亩;常规稻穴距11～16 cm,3～5株/穴,密度1.4万～1.9万穴/亩。双季稻宜采用25 cm宽行距,杂交稻穴距14～17 cm,2～3株/穴,密度1.6万～2万穴/亩;常规稻穴距12～16 cm,3～5株/穴,密度1.7万～2.2万穴/亩。

5.4.2.4 移栽前应检查调试插秧机,按照农艺要求调整栽插穴距、取秧量、栽插深度等,进行试栽,检查移栽作业质量,直至符合指标要求。

5.4.2.5 插后及时上水护苗,插秧同时安排专人同步补苗。

5.4.2.6 秧苗栽插均匀,深浅一致。

5.4.2.7 插秧深度≤3 cm,伤秧率≤4%,漏插率≤5%,漂秧率≤3%,均匀度合格率≥85%。

5.5 直播

5.5.1 内容

5.5.1.1 了解服务对象对水稻直播品种要求、播种面积、播种时间、播种量、播种机械等需求。

5.5.1.2 根据服务对象需求,提供水稻直播服务。

5.5.2 要求

5.5.2.1 根据当地温光资源、品种特性和前茬作物等因素确定适宜的播种期,一般单季稻播种时间宜在5月中旬至6月初;双季早稻通常在当地连续5日平均温度稳定在10℃以上,应及时直播。

5.5.2.2 播种前做好晒种、除芒、选种、浸种和催芽等处理,处理技术应符合NY/T 1534的规定。

5.5.2.3 根据当地气候、土壤肥力、品种特性、播种期等因素合理确定播种量。一般单、双季稻区播种杂交稻1.5～2 kg/亩,常规稻播种量2.5～3 kg/亩。

5.5.2.4 水稻直播技术可参考 DB34/T 2545 的规定。

5.5.2.5 播种深度水直播 0 ~ 0.5 cm,旱直播 2 ~ 3 cm,播种深度合格率≥75%。

5.6 田间管理

5.6.1 内容

5.6.1.1 了解服务对象对灌溉时间、灌溉量、灌溉效果等需求;对施肥时间、施肥名称和用量、施肥效果等需求;对病虫害名称、农药名称、农药使用量、防治时间和防治效果等需求。

5.6.1.2 根据服务对象需要提供灌溉、施肥和植保等服务。

5.6.2 要求

5.6.2.1 灌溉

5.6.2.1.1 移栽稻在返青期应保持 1 ~ 3 cm 浅水层。分蘖期湿润灌溉,全田茎蘖数达到预期穗数 80% ~ 90%时,及时排水搁田。孕穗期保持浅水层,湿润灌溉。灌浆成熟期间歇灌溉、干湿交替。收获前 7 d 左右断水。

5.6.2.1.2 旱直播稻在播种后通过田间沟系灌一次水,直至土壤全部湿透为宜,而后将田表积水排尽并保持湿润。苗期保持 1 ~ 3 cm 浅水层,分蘖期、孕穗期、灌浆成熟期水层管理见 5.6.2.1.1。

5.6.2.1.3 水稻全生育期未出现干旱致死情况。

5.6.2.2 施肥

5.6.2.2.1 施肥量应根据品种、秧苗长势和产量及测土配方施肥确定。

5.6.2.2.2 在水稻分蘖期、孕穗期和灌浆成熟期采用自走式高低隙施肥机或机动喷雾喷粉机施肥。

5.6.2.2.3 施肥机具作业应具有良好的田间通过性,肥料应均匀分布。

5.6.2.3 植保

5.6.2.3.1 根据当地水稻病虫草害的发生规律及当地农业主管部门发布病虫草害情报,合理选用农药品种及用量,采取与绿色防控相结合的统防统治措施。

5.6.2.3.2 移栽稻插秧前宜 7 d 内结合耕整地,施除草剂封杀杂草,移栽后宜 7 d 内根据杂草种类施除草剂,施药时水层 3 ~ 5 cm。直播稻播种后,排干田表积水,将除草剂喷洒施于田面,进行第一次封杀杂草;苗

期进行第二次除草;分蘖末期根据草害情况选择进行第三次除草。

5.6.2.3.3 按照病虫害的预测预报进行统防统治,病虫害防治技术可参考 DB34/T 4209 规定执行。

5.6.2.3.4 植保无人飞机作业人员应具有无人机操作资质,并参加全科学使用农药培训,严格按照农药标签中的安全注意事项、安全间隔期使用,植保作业应按照 NY/T 1276 的规定,提高药液喷洒的均匀度和对靶性,减少对环境的污染。作业条件应符合 NY/T 650 要求。

5.6.2.3.5 服务质量应符合 GB/T 32980 要求。

5.7 收获

5.7.1 内容

5.7.2 了解服务对象对收获面积、收获时间、收获机械等需求。

5.7.3 按照服务对象需求提供机械化收割服务。

5.7.4 要求

5.7.4.1 全田粳稻 95% 以上、籼稻 90% 以上籽粒转黄进入完熟期,适期进行机械收获。

5.7.4.2 选用全喂入式和半喂入式联合收割机,需秸秆还田的需选用带茎秆切碎、匀抛装置的收割机。

5.7.4.3 根据水稻长势和收割机喂入量,正确控制收割前进速度。

5.7.4.4 全喂入式损失率≤3.5%、破碎率≤2.5%、含杂率≤2.5%。

5.7.4.5 半喂入式损失率≤2.5%、破碎率≤1.0%、含杂率≤2.0%。

5.7.4.6 割茬高度<15 cm,还田的秸秆切碎长度<10 cm,并抛撒均匀。

5.7.4.7 茎秆切碎合格率:≥90%。

5.7.4.8 籽粒无污染;地块和茎秆中无污染。无漏割,地头、地边处理合理。

5.8 秸秆处理

5.8.1 内容

5.8.1.1 了解服务对象对秸秆处理方式、处理时间、处理量等需求。

5.8.1.2 根据服务对象需求,提供秸秆还田、秸秆离田打捆等服务。

5.8.2 要求

5.8.2.1 秸秆离田:每季水稻机收后稻草在自然条件下晾干 2 d 以上,水分符合 40% 以下再进行机械化打捆;打捆后的秸秆当日或次日开始离田。留茬高度:≤10 cm。

5.8.2.2 秸秆还田:使用带秸秆切碎功能的联合收割机。在收获水稻的同时将秸秆切碎,并均匀抛撒在田面。留茬高度:≤15 cm,秸秆切碎长度:<10 cm。

5.9 烘干仓储

5.9.1 内容

5.9.1.1 了解服务对象对烘干量、烘干设备、烘干时间等需求,对仓储时间、仓储量等需求。

5.9.1.2 按照服务对象需求提供烘干和临时仓储服务。

5.9.2 要求

5.9.2.1 收获后的稻谷应及时烘干。采用谷物烘干机进行烘干,烘干前宜进行除芒及初清。

5.9.2.2 稻谷经烘干达到规定的水分要求,应进入仓储设施存放。

5.9.2.3 带芒率≤15%,含杂率<2%,不得有泥土、沙石、长茎秆、麻袋绳等异物。

5.9.2.4 含水率:早籼、籼稻≤13.5%,早粳、晚籼≤14%,晚粳≤15.5%。

5.9.2.5 破损率增加值≤1.0%,焦煳粒、爆花粒为0,色泽、气味正常。

5.9.2.6 仓储设施应清洁、干燥、通风、无虫害和鼠害,温度<25℃,严禁与有毒、有腐蚀性、易发霉、有异味的物品混存。储存应符合 GB/T 29890的规定。

6.服务管理

6.1 服务流程图

水稻社会化服务流程如下图。

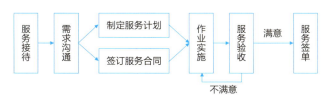

水稻社会化服务流程图

6.2 服务接待

通过网络、微信、QQ、电话、现场等不同形式提供服务接待,接受服务对象的咨询和预定信息。

6.3 需求沟通

与服务对象进行沟通,了解整个服务的核心内容和具体需求。

6.4 服务计划

根据服务目的、服务内容、服务时间、服务地点、服务人员等,制定服务计划,并做好相关准备。

6.5 服务合同

6.5.1 服务组织开展小麦农业社会化服务前应与服务对象充分沟通后签订服务合同。

6.5.2 根据服务需求,确定服务内容、服务方式、服务质量等,合同内容应包括但不限于:

  a) 服务内容;

  b) 服务方式(全过程服务、环节服务);

  c) 服务质量;

  d) 双方责任和义务;

  e) 服务费用和支付方式;

  f) 违约责任;

  g) 争议处理方式;

  h) 合同变更和解除。

6.5.3 在合同中明确的服务内容和质量要求见附录 A。

6.6 作业实施

6.6.1 根据合同规定进行作业操作,作业实施有单环节服务、多环节和全过程服务。

6.6.2 作业过程应有记录档案、图片。

6.6.3 作业结束应签署作业确认单。

6.7 服务验收

按合同规定对服务内容进行验收,出现问题时按合同规定进行处理。

6.8 档案管理

6.8.1 应建立健全过程档案,包括但不限于以下内容:

  i) 服务合同;

  j) 基本信息,包括服务对象资料档案,服务项目、时间等;

  k) 农资资料档案,包括农资种类、数量、价格等;

  aa)农业机械档案,包括作业量、作业时间、维护保养情况等;

ab) 作业过程档案,包括耕地、种植、田间管理、病虫草害防治、收
　　获、运输、烘干、储存等作业时间、数量、田间服务质量等;

ac) 费用支出记录,包括购买农资、机械化作业等的费用;

ad) 争议处理档案。

6.8.2　档案建立应一户一档,档案应有固定地点存放,保存期应符
合相关标准要求。

附　录　A
（资料性）
合同中明确的服务内容和质量要求

表A.1　合同中明确的服务内容和质量要求

服务内容		质量要求	
		建议指标	双方协商
备耕	备耕时间		根据不同品种播种时间要求，选择备耕时间
	种子品种、质量、采购时间	种子应通过国家或省级审定的，生育期适宜，优质高产，分蘖力强，抗逆性好，适宜机械化生产的品种，纯度：常规稻≥99.0%、杂交稻≥96.0%；净度≥98.0%	
	肥料和农药名称、用量、采购时间		根据需求，双方协商
	农机型号、作业能力，农机保障完成时间		根据需求，双方协商
	……		
耕整地	耕整地模式	如旋耕、深翻、深耕、免耕等方式，选取一种或多种	根据土壤等条件，选择耕整地模式
	作业起止时间范围及进度安排		根据不同品种要求，确定耕整地时间及进度
	作业深度	旱耕耕翻深度宜18～25 cm，旱耕旋耕深度宜14～16 cm；水耕旋耕深度宜16～18 cm	
	植被覆盖率	＞85%	
	作业效果	耕整后，田块平整无残茬，全田高低差≤3 cm；沉实后田表水层深1～3 cm	
	……		

续表

服务内容		质量要求	
		建议指标	双方协商
种子处理	使用的药剂和用量		根据需求,双方约定
	处理时间范围和进度		根据农时,双方约定
	处理效果		根据品种,双方约定
	……		
育秧	育秧方式	如温室育秧、大棚育秧、小拱棚育秧和露田育秧等。宜采用工厂化育秧	根据当地气候、设施设备条件等选择育秧方式
	营养土	有机质含量高、土质疏松、肥力中上	
	播种时间	一般一季稻播种时间,空闲田茬4月上旬,油菜茬4月下旬至5月上旬,小麦茬5月中旬至5月25日前;双季早稻一般3月底至4月初	根据前茬让茬时间、品种特性、苗龄等因素确定播种时间
	播种量	一般杂交中籼稻干谷70～80 g/盘、19～21盘/亩,常规中晚干谷100～120 g/盘、22～24盘/亩,双季稻26～28盘/亩	根据品种种类和秧盘规格等确定播种量
	播种机械	可选择育秧播种流水线、田间轨道式育秧播种机和自走式摆盘育秧播种机等	
	秧苗质量	秧苗应根系发达、苗高适宜、叶挺色绿、均匀整齐; 早稻、再生稻头季叶龄3.0～3.5叶,苗高13～18 cm,秧龄22～30 d;一季稻叶龄3.0～4.0叶,苗高13～18 cm,秧龄18～22 d; 秧块应苗齐苗匀,根系盘结牢固,提起不散; 常规稻有2～3苗/cm²、杂交稻有1～2苗/cm²	
	……		

续表

服务内容		质量要求	
		建议指标	双方协商
移栽	移栽时间		根据育秧方式、播种期、茬口安排和秧龄,起垄后适期移栽
	移栽密度	一般单季水稻宜采用30 cm宽行距,杂交稻穴距17～20 cm,每穴2～3株,密度1.1万～1.3万穴/亩;常规稻穴距11～16 cm,每穴3～5株,密度1.4万～1.9万穴/亩; 双季稻宜采用25 cm宽行距,杂交稻穴距14～17 cm,每穴2～3株,密度1.6万～2万穴/亩; 常规稻穴距12～16 cm,每穴3～5株,密度1.7万～2.2万穴/亩	
	插秧机	选用宽行距(30 cm)插秧机、窄行距(25 cm)插秧机或水稻侧深施肥插秧机	
	插秧效果	秧苗栽插均匀,深浅一致。 插秧深度≤3 cm,伤秧率≤4%,漏插率≤5%,漂秧率≤3%,均匀度合格率≥85%	
	……		
直播	播种时间	单季稻播种时间宜在5月中旬至6月初;双季早稻通常在当地连续5日平均温度稳定在10℃以上	根据当地温光资源、品种特性和前茬作物等因素确定适宜的播种期
	播种量	一般单、双季稻区播种杂交稻1.5～2 kg/亩,常规稻播种量2.5～3 kg/亩	根据当地气候、土壤肥力、品种特性、播种期等因素合理确定播种量
	质量要求	播种深度水直播0～0.5 cm,旱直播2～3 cm,播种深度合格率≥75%	
	……		

服务内容		质量要求	
		建议指标	双方协商
田间管理	水层（移栽稻）	返青期应保持1～3 cm浅水层。分蘖期湿润灌溉,孕穗期保持浅水层,收获前7 d左右断水	
	水层（旱直播）	苗期保持1～3 cm浅水层,分蘖期湿润灌溉,孕穗期保持浅水层,收获前7 d左右断水	
	追肥名称、频次和施肥量		根据品种、水稻长势和产量及测土配方施肥确定
	植保防治措施	农业防治、生物防治、物理防治和化学防治中的一种或多种	
	植保（除草剂名称、施用量）	病虫害的预测预报,进行统防统治	根据水稻生长和长草情况,合理选用除草剂
	植保（农药名称、施用量）	病虫害的预测预报,进行统防统治	根据水稻生长和病虫害情况,合理选用药物
	植保机	宜采用自走式高地隙喷杆喷雾机、无人机等防治	
	田间管理效果	水稻全生育期未出现干旱致死情况、主要病虫害防治效果好、农药喷洒时作物机械损失率<1%	根据水稻品种及生长情况确定效果
	……		
作物收获	收获机机型	选用全喂入式和半喂入式联合收割机,需秸秆还田的需选用带茎秆切碎、匀抛装置的收割机	按作物品种、收获物、地块面积和地形条件选择收割机机型
	收割时间	全田粳稻95%以上、籼稻90%以上籽粒转黄进入完熟期	按作物成熟度、气象条件、土壤条件等作业条件要求,确定收割时间及作业进度

续表

服务内容		质量要求	
		建议指标	双方协商
作物收获	收割损失率	全喂入式≤3.5%,半喂入式<2.5%	
	收割破损率	全喂入式≤2.5%,半喂入式≤1.0%	
	收割含杂率	全喂入式≤2.5%,半喂入式≤2.0%(只有风扇清选无筛选机构的:全喂入式≤7.0%,半喂入式≤5.0%)	
	割茬高度	割茬高度<15 cm,还田的秸秆切碎长度<10 cm,并抛撒均匀	
	茎秆切碎合格率	≥90%	
	……		
秸秆处理	处理方式及时间	处理方式包括秸秆离田、秸秆还田	根据农业生产服务主体的实际情况,确定处理方式和时间
	秸秆处理农机具	秸秆离田宜选用秸秆打捆机,秸秆还田宜选用带秸秆切碎功能的联合收割机	
	秸秆留茬高度	还田留茬高度≤15 cm,秸秆切碎长度<10 cm;离田留茬高度≤10 cm	
	……		
烘干及仓储	烘干时间	收获后及时烘干	
	烘干机	列出采用的烘干机型号、烘干效率	
	烘干质量	带芒率≤15%,含杂率≤2%;含水率:早籼、籼稻≤13.5%,早粳、晚籼≤14%,晚粳≤15.5%;破损率增加值≤1.0%,焦煳粒、爆花粒为0,色泽、气味正常	
	仓储	将作物按品种分类仓储,保证不混杂,粮仓保持日常通风干燥,有效保障作物品质	
	……		

续表

服务内容		质量要求	
		建议指标	双方协商
全程农业生产社会化服务	全过程服务		约定亩均农作物产量或亩均农作物收益,如未达到约定产量或者收益,双方协商补偿金额或者具体补偿方式等
	……		

附录6　安徽省小麦农业社会化服务规范（试行）

1.范围

本文件规定了小麦农业社会化服务基本要求、服务内容和服务管理。

本文件适用小麦生产的农业社会化服务。

2.规范性引用文件

下列文件中的内容通过文中的规范性引用而构成本文件必不可少的条款。其中，注日期的引用文件，仅该日期对应的版本适用于本文件；不注日期的引用文件，其最新版本（包括所有的修改单）适用于本文件。

GB 4404.1　粮食作物种子　第1部分:禾谷类

GB/T 8321（所有部分）　农药合理使用准则

GB 5084　农田灌溉水质标准

GB/T 32980　农业社会化服务　农作物病虫害防治服务质量要求

GB 16151.12　农业机械运行安全技术条件

NY/T 995　谷物（小麦）联合收获机械　作业质量

DB 34/T 2860（所有部分）　水稻秸秆还田小麦精确定量栽培技术规程

3.术语和定义

本文件没有需要界定的术语和定义。

4.基本要求

4.1　服务组织

4.1.1　应具有独立法人资质和与服务内容相适应的经营范围。

4.1.2　应具有满足需要的办公场所、工作团队和相应的设施设备。

4.1.3　应具有完善的规章制度和规范的服务程序。

4.1.4　应定期开展相关业务培训。

4.2　服务人员

4.2.1　掌握农业生产相关法律、法规和政策文件。

4.2.2 具备良好的职业道德。

4.2.3 具备满足服务岗位要求的专业知识。

4.2.4 熟练掌握岗位技能,有资质要求的应持证上岗。

4.2.5 熟悉服务程序和服务要求。

4.2.6 定期接受业务培训。

4.3 设施设备

4.3.1 具有必要的农机设备,如耕整地设备、播种设备、灌溉设备、植保设备、收割设备、烘干设备、仓储设备等。质量应符合 GB 16151(所有部分)要求。

4.3.2 具备符合安全要求的农药、肥料、农业机械等物质储存条件和人员安全防护条件。

4.4 服务评价

4.4.1 服务组织应定期开展内部工作评价,每年至少开展一次由服务对象参与的外部评价,必要时可邀请第三方进行评价。

4.4.2 根据评价结果不断改进服务内容和服务方式。

5.服务内容

5.1 整地

5.1.1 内容

提供深耕服务、旋耕服务、开沟服务。

5.1.2 要求

5.1.2.1 一般为播种前10 d。

5.1.2.2 深耕:深度为20～30 cm;旋耕:深度≥15 cm,连续旋耕田块间隔2~3年进行一次深耕。

5.1.2.3 开沟:畦宽 4～5 m,畦沟深 0.2 m,腰沟深 0.25 m,田边沟深 0.35 m,田外沟深 0.6～0.8 m。

5.1.2.4 整地后,同一田块高差≤10 cm。

5.2 种子处理

5.2.1 内容

提供种子代购及处理服务。

5.2.2 要求

5.2.2.1 应选用通过国家、省级审定的,且当地农业部门主推的品种。

5.2.2.2 种子质量应符合 GB 4404.1 的规定。

5.2.2.3 播前晒种、拌种或选择包衣种。

5.3 播种

5.3.1 内容

提供机播、撒播服务。

5.3.2 要求

5.3.2.1 正常年份小麦适宜播期:稻茬麦:沿淮地区半冬性品种 10 月 15 日至 25 日,春性品种 10 月 25 日至 11 月 5 日;江淮地区 10 月 25 日至 11 月 10 日;沿江地区 11 月 1 日至 15 日。旱茬麦:半冬性品种一般播期在 10 月 5 日至 20 日,春性品种播期在 10 月 15 日至 25 日。

5.3.2.2 播种量:稻茬麦:半冬性品种基本苗以 15 万 ~ 18 万/666.7 m² (播种量为 9 ~ 11 kg/666.7 m²)为宜,弱春性品种基本苗以 18 万 ~ 20 万/666.7 m²(播种量为 10 ~ 12.5 kg/666.7 m²)为宜。旱茬麦:半冬性品种基本苗以 14 万 ~ 16 万/666.7 m²(播种量为 7 ~ 9 kg/666.7 m²)为宜,春性品种基本苗以 18 万 ~ 20 万/666.7 m²(播种量为 9 ~ 11 kg/666.7 m²)为宜。

5.3.2.3 行距:稻茬麦:18 ~ 20 cm,旱茬麦:23 ~ 25 cm。

5.3.2.4 播种深度:稻茬麦:3 ~ 5 cm,旱茬麦:4 ~ 5 cm,落籽均匀,无漏(重)播,覆土均匀严密,播后镇压。

5.4 病虫草害防治

5.4.1 内容

根据需求提供病虫害防治服务。

5.4.2 要求

5.4.2.1 根据当地农业植保部门发布的农作物病虫害情报,确定防治时间、药品、药量及配药标准。

5.4.2.2 根据作业地地理情况,设置农业植保无人机飞行高度、速度、喷幅、流量等参数。

5.4.2.3 作业结束后应认真填写植保机具田间作业记录及用药档案记录。

5.4.2.4 防治过程应符合 GB/T 8321(所有部分)。

5.4.2.5 根据当地植保部门要求以及现有的技术设备选择合适的病虫害防治监测方式。服务质量应符合 GB/T 32980 要求。

5.4.2.6 除草期分为播种期和生长期,化学除草一年内最多 1 次。

5.5 水肥管理

5.5.1 内容

根据小麦生长期阶段特征,提供施肥服务。

5.5.2 要求

灌溉水质应符合 GB 5084。

5.6 收获

5.6.1 内容

提供收割服务。

5.6.2 要求

5.6.2.1 损失率:全喂入式≤2%。

5.6.2.2 留茬高度:≤15 cm,还田的秸秆切碎长度:2～3 cm,并抛撒均匀。

5.6.2.3 茎秆切碎合格率:≥90%。

5.6.2.4 籽粒无污染;地块和茎秆中无污染。无漏割,地头、地边处理合理。

5.6.2.5 作业质量检测方法应符合 NY/T 995。

5.7 秸秆处理

5.7.1 内容

提供秸秆还田粉碎、秸秆打捆离田服务。

5.7.2 要求

5.7.2.1 秸秆还田:选择带有秸秆切碎功能的联合收割机,在收获小麦的同时将秸秆切碎,并均匀抛撒在地里。

5.7.2.2 秸秆离田:选用小麦秸秆粉碎捡拾一体机;秸秆留茬高度≤10 cm;收割后,种植户要留足充分时间(麦收后不少于10 d),配合离田作业主体打捆离田作业,在天气、墒情等利于离田作业的情况下,不得放水泡田;秸秆搂拾2遍以上(含2遍),地面无散落、无死角、无过多残留;秸秆打包3圈网线以上(含3圈);秸秆打包后迅速离田,堆放在规定的临时收储点,收储点设置必须符合防火和运输要求,收储点内秸秆须在1个月内完成清运。

5.8 烘干及仓储

5.8.1 内容

提供小麦烘干和仓储服务。

5.8.2 要求

5.8.2.1 不同收割批次小麦分别储存,分别进行干燥,同一批干燥的小麦水分不均匀度≤2%。

5.8.2.2 干燥前需进行清选,含杂率≤2%。

6.服务管理

6.1 服务流程图

小麦社会化服务流程见下图。

小麦社会化服务流程图

6.2 服务接待

通过网络、微信、QQ、电话、现场等不同形式提供服务接待,接受服务对象的咨询和预定信息。

6.3 需求沟通

与服务对象进行沟通,了解整个服务的核心内容和具体需求。

6.4 服务计划

根据服务目的、服务内容、服务时间、服务地点、服务人员等,制定服务计划,并做好相关准备。

6.5 服务合同

6.5.1 服务组织开展小麦农业社会化服务前应与服务对象充分沟通后签订服务合同。

6.5.2 根据服务需求,确定服务内容、服务方式、服务质量等,合同内容应包括但不限于:

　　a）服务内容;

　　b）服务方式（全过程服务、环节服务）;

　　c）服务质量;

　　d）双方责任和义务;

　　e）服务费用和支付方式;

　　f）违约责任;

g）争议处理方式；

h）合同变更和解除。

6.5.3 在合同中明确的服务内容和质量要求见附录 A。

6.6 作业实施

6.6.1 根据合同规定进行作业操作，作业实施有单环节服务、多环节和全过程服务。

6.6.2 作业过程应有记录档案、图片。

6.6.3 作业结束应签署作业确认单。

6.7 服务验收

按合同规定对服务内容进行验收，出现问题时按合同规定进行处理。

6.8 档案管理

6.8.1 应建立健全过程档案，包括但不限于以下内容：

i）服务合同；

j）基本信息，包括服务对象资料档案，服务项目、时间等；

k）农资资料档案，包括农资种类、数量、价格等；

l）农业机械档案，包括作业量、作业时间、维护保养情况等；

m）作业过程档案，包括耕地、种植、田间管理、病虫草害防治、收获、运输、烘干、储存等作业时间、数量、田间服务质量等；

n）费用支出记录，包括购买农资、机械化作业等的费用；

o）争议处理档案。

6.8.2 档案建立应一户一档，档案应有固定地点存放，保存期应符合相关标准要求。

附 录 A

（资料性）

合同中需明确的服务内容和服务质量

表A.1　合同中需明确的服务内容和服务质量

服务内容		质量要求	
		建议指标	协商内容
备耕	备耕时间		根据不同地区播种时间要求，选择备耕时间
	种子品种、质量、采购时间	应选用通过国家、省级审定的，且当地农业部门主推的，生育期适宜，优质高产，抗病、抗倒、抗逆性较好，适宜机械化生产的品种	
	肥料和农药名称、用量、采购时间		根据需求，双方协商
	……		
耕地	耕整地模式	如旋耕、深翻、深耕、免耕等方式，选取一种或多种	根据土壤等条件，选择耕整地模式
	作业起止时间范围及进度安排		根据不同品种要求，确定耕整地时间及进度
	作业深度		根据需求，双方约定
	……		
种子处理	使用的药剂和用量		根据需求，双方约定
	处理时间范围和进度		根据需求，双方约定
	处理效果		根据需求，双方约定
	……		

服务内容		质量要求	
		建议指标	协商内容
播种	播种方式	机械条播、飞机撒播等	根据当地土壤、地形条件等选择播种方式
	播种时间	正常年份小麦适宜播期:稻茬麦:沿淮地区半冬性品种10月15日至25日,春性品种10月25日至11月5日;江淮地区10月25日至11月10日;沿江地区11月1日至15日。旱茬麦:半冬性品种一般播期在10月5日至20日,春性品种播期在10月15日至10月25日	根据土壤墒情等双方协商决定
	播种机械	秸秆还田防缠绕免耕播种机、整地施肥播种一体机、高畦降渍播种一体机	
植保	植保(除草剂名称、施用量)	一般参照当地植保部门病虫害情报信息	
	植保(农药名称、施用量)	一般参照当地植保部门病虫害情报信息	
	植保机	宜采用自走式高地隙喷杆喷雾机、无人机等防治	
	……		
收获	收获机机型	选用全喂入式联合收割机,需秸秆还田的需选用带茎秆切碎、匀抛装置的收割机	按作物品种、收获物、地块面积和地形条件选择收割机机型
	收割时间		按作物成熟度、气象条件、土壤条件等作业条件要求,确定收割时间及作业进度
	收割损失率	全喂入式≤2%	
	收割破损率	符合农产品收购要求	
	收割含杂率	符合农产品收购要求	

续表

服务内容		质量要求	
		建议指标	协商内容
收获	割茬高度	割茬高度<15 cm,还田的秸秆切碎长度2~3 cm,并抛撒均匀	
	茎秆切碎合格率	≥90%	
	……		
秸秆处理	处理方式及时间	秸秆离田、秸秆还田	根据农业生产服务主体实际情况,确定处理方式和时间
	农机具	秸秆离田宜选用秸秆打捆机,秸秆还田宜选用带秸秆切碎功能的联合收割机	
	秸秆留茬高度	还田留茬高度≤15 cm,秸秆切碎长度<10 cm;离田留茬高度≤10 cm	
	……		
烘干及仓储	烘干时间	收获后及时烘干	
	烘干机	列出采用的烘干机型号、烘干效率	
	烘干质量	不同收割批次小麦分别储存,分别进行干燥,同一批干燥的小麦水分不均匀度≤2%	
	……		
	仓储	将作物按品种分类仓储,保证不混杂,粮仓保持日常通风干燥,有效保障作物品质	
	……		
全程社会化服务	全过程服务		约定亩均农作物产量或亩均农作物收益,如未达到约定产量或者收益,双方协商补偿金额或者具体补偿方式等

附录7　玉米生产托管服务及质量评价规范（辽宁省地方标准 DB21/T 3624—2022）

1　范围

本文件规定了玉米生产托管服务基本要求、管理要求、服务要求、作业要求及质量评价等内容。本文件适用于玉米生产托管服务和质量评价工作。

本文件不适用于制种玉米和鲜食玉米生产托管服务和质量评价。

2　规范性引用文件

下列文件中的内容通过文中的规范性引用而构成本文件必不可少的条款。其中，注日期的引用文件，仅该日期对应的版本适用于本文件；不注日期的引用文件，其最新版本（包括所有的修改单）适用于本文件。

GB 4404.1　粮食作物种子　第1部分：禾谷类

GB/T 5982　脱粒机　试验方法

GB/T 6970　粮食干燥机　试验方法

GB/T 17997　农田喷雾机（器）田间操作规程及喷晒质量评定

GB/T 21962　玉米收获机械

GB/T 36733　服务质量评价通则

NY/T 499　旋耕机　作业质量

NY/T 500　秸秆粉碎还田机　作业质量

NY/T 503　单粒（精密）播种机　作业质量

NY/T 741　深松、耙茬机械　作业质量

NY/T 742　铧式犁　作业质量

NY/T 985　根茬粉碎还田机　作业质量

NY/T 987　铺膜穴播机　作业质量

NY/T 1225　喷雾器安全施药技术规范

NY/T 1227　残地膜回收机　作业质量

NY/T 1628　玉米免耕播种机　作业质量

NY/T 1631　方草捆打捆机　作业质量

NY/T 2088　青贮收获机　作业质量

NY/T 2463　圆草捆打捆机　作业质量

3　术语和定义

GB/T 36733界定的以及下列术语和定义适用于本文件。

3.1　玉米生产托管

农户或其他从事农业生产的主体在不流转土地承包经营权的条件下,将玉米生产中的耕、种、防、收等全部或部分作业环节委托给农业生产性服务组织完成的经营方式。

4　基本要求

4.1　服务组织

承担托管服务的组织应分别满足以下要求:

——应做到财务独立核算;

——应在市场监管部门登记注册;

——农村集体经济组织应在农业农村部门赋码登记;

——家庭农场应纳入农业农村部家庭农场名录管理系统。

4.2　服务人员

接待人员应符合以下要求:

——具有良好的职业道德;

——熟悉业务工作流程和内容;

——服务主动热情。

技术人员应符合以下要求:

——具有玉米生产相关的基本知识;

——熟练操作与玉米生产相关的农业机械设备;

——有资质要求的应持证上岗。

4.3　设施设备

设施设备应符合以下要求:

——具备必要的玉米生产机械设备,如拖拉机、播种机、收获机、农药喷洒设备等;

——具备达到安全生产要求的农药、肥料、农业机械等物资存储条件和人员安全防护条件。

5 管理要求

5.1 管理制度

具有完善的玉米托管服务管理制度,明确托管各环节工作流程及要求,主要包括人员、服务对象信息、设备、农资、作业、档案、投诉处理等管理制度。

5.2 档案管理

托管服务组织应建立健全托管服务档案,保存期限不少于三年,至少包括以下内容:

——托管合同;

——农业机械档案(包括购买时间、作业量、维护保养情况等);

——服务档案(包括服务项目、时间等);

——田间管理档案(包括种子选择、种植操作、化肥农药使用、作物田间情况、作物产量等);

——托管服务方投诉及处理档案;

——农资采购档案;

——其他档案。

6 服务要求

6.1 服务接待

接待人员应向托管委托方详细讲解服务方式、服务内容、服务价格和托管流程等事项,并提供相关资料。

6.2 地块核查

核查由服务双方共同进行。调查过程中应以事实为依据如实填写,对调查内容进行存档保留。调查内容按照服务环节进行选择,应包含但不限于服务地块的名称、位置、面积、行数、行距。

6.3 合同签订

托管双方应签订托管服务合同。合同内容应包括服务方式、合同双方的权利和义务、托管期限及费用支付方法、违约责任、合同的变更和解除等内容。

6.4 投诉处理

6.4.1 托管服务组织应提供可靠、便捷的投诉渠道,及时有效处理相关投诉。

6.4.2　遇到投诉时,应主动跟委托方进行沟通或按照合同约定及时处理。

6.4.3　投诉处理结果应及时反馈给服务对象,并采取预防措施防止类似事件发生。

6.5　满意度调查

6.5.1　每年应对服务对象进行一次满意度调查。

6.5.2　调查内容应包含服务人员态度、作业质量、改进的建议等,见附录 A。

6.6　风险控制

6.6.1　风险管理应贯穿服务全过程,使风险得到有效控制。

6.6.2　对潜在风险进行分析、识别,针对不同的风险类型(如自然灾害、机械事故等)应制定相应的措施以规避或降低风险。

6.6.3　对作业服务过程中可能发生的意外事故应制定相应的应急预案。

6.6.4　托管服务组织宜通过购买作业人员保险、设施设备保险、农业保险来降低服务风险。

7　作业要求

7.1　农资要求

7.1.1　种子、农药、肥料、农膜等农资产品应通过正常渠道采购并能提供产品质量合格证明和采购发票。

7.1.2　种子应为通过审定且适宜当地种植的品种,其质量应符合GB 4404.1 的规定。

7.2　机具要求

7.2.1　机具选择应能满足农艺要求。

7.2.2　机具应是生产企业检验合格,并按规定进行维护保养。

7.2.3　不得使用自行改装机具进行作业。

7.2.4　有证书和牌照要求的农机具应在取得证书、牌照后方可作业。

7.2.5　作业前应检查机具安全装置及机具状态,确保在安全装置完好、安全标志齐全、无故障的状态下作业。

7.2.6　机具均应按照使用说明书的规定进行作业。

7.3 作业质量

7.3.1 耕整地

根茬粉碎还田作业应检查灭茬深度、根茬粉碎率等指标,作业质量按照 NY/T 985 的规定执行;旋耕作业应检查旋耕层深度合格率、碎土率等指标,作业质量按照 NY/T 499 的规定执行;深翻作业应检查平均耕深、漏耕率等指标,作业质量按照 NY/T 742 的规定执行;深松、耙地作业应检查深松深度、耙茬深度、碎土率等指标,作业质量按照 NY/T 741 的规定执行。

7.3.2 播种施肥

播种作业应检查播种深度合格率、施肥深度合格率等指标,作业质量按照 NY/T 503 的规定执行;免耕播种作业应检查播种深度合格率、施肥深度合格率等指标;铺膜(铺膜穴播)作业检查采光面机械破损程度、膜边覆土宽度合格率、膜边覆土厚度合格率、空穴率、播种深度合格率、施肥深度合格率等指标。免耕播种作业质量按照 NY/T 1628 的规定执行,铺膜(铺膜穴播)作业质量按照 NY/T 987 的规定执行。

7.3.3 病虫草害防治

病虫草害防治作业应检查安全施药、药液附着率、雾化性能等指标,安全施药作业质量按照 NY/T 1225 的规定执行,病虫草害防治作业质量按照 GB/T 17997 的规定执行。

7.3.4 收获

玉米收获作业检查总损失率、籽粒破碎率等指标,作业质量按照 GB/T 21962 的规定执行;青贮收获作业检查损失率、切碎长度合格率、割茬高度等指标,作业质量按照 NY/T 2088 的规定执行;残膜回收作业检查表层拾净率、深层拾净率等指标,作业质量按照 NY/T 1227 的规定执行;脱粒作业检查总损失率、未脱净率等指标,作业质量按照 GB/T 5982 的规定执行。

7.3.5 秸秆处理

秸秆粉碎还田作业应检查粉碎长度合格率、残茬高度、抛撒不均匀程度、漏切量等指标,作业质量按照 NY/T 500 的规定执行;圆草捆打捆作业应检查成捆率、草捆密度等指标,作业质量按照 NY/T 2463 的规定执行;方草捆打捆作业应检查成捆率、规则草捆率等指标,作业质量按照 NY/T 1631 的规定执行。

7.3.6　收获

烘干作业应检查水分、干燥不均匀度、色泽气味等指标,水分宜采用快速水分测定仪测试,其他作业质量按照GB/T 6970的规定执行。

8　质量评价

8.1　评价原则

切实保护农民利益,促进农业生产托管服务健康有序发展。根据玉米生产托管服务内容及双方合同约定的事项,在服务组织、人员、设施设备、管理等基本条件满足的前提下,对服务资源、服务过程、服务结果进行服务质量评价。

8.2　评价内容

8.2.1　服务资源及指标

服务资源包括服务组织、服务人员、服务设施设备等,其具体内容及评价指标见附录B。

8.2.2　服务过程及指标

服务过程包括服务合同、服务信息、服务环节等,其具体内容及评价指标见附录B。

8.2.3　服务结果及指标

服务结果包括客户满意度和作业质量等,其具体内容及评价指标见附录B。

8.3　评价方法

采取关键要素评价法,对关键服务质量要素进行评价,记录在表B.1中。

8.4　评价程序

8.4.1　评价组织

8.4.1.1　简易评价

由生产托管双方自行或委托第三方仅对托管服务合同约定项目的作业质量进行评价。

8.4.1.2　综合评价

采取第三方或经生产托管双方一致同意的由管理、技术等专家组成的评价组对服务资源、服务过程、服务结果进行全面评价。

8.4.2　评价记录

按照表B.1中内容进行评价和记录。

8.4.3 评价结论

8.4.3.1 简易评价

托管服务项目的作业质量全部达到本标准规定要求的,判定为合格;有一项及以上没达到要求的,判定为不合格。

8.4.3.2 综合评价

对评价内容和指标全部符合的,判定为合格;对关键要素内容全部符合,非关键要素3项(含3项)以下不符合的,判定为基本合格,但应提出相关整改要求;对关键要素内容有一项或非关键要素3项以上内容不符合的,判定为不合格。

附录 A

（资料性）

玉米托管服务满意度调查

玉米托管服务满意度调查内容见表A.1。

表A.1　玉米托管服务满意度调查表

姓名			电话			托管面积		亩	调查时间	
托管项目	耕整地	☐	播种施肥	☐	病虫害防治	☐	收获	☐	秸秆处理 ☐	烘干 ☐
作业质量	好 中 差	☐ ☐ ☐	好 中 差	☐ ☐ ☐	好 中 差	☐ ☐ ☐	好 中 差	☐ ☐ ☐	好 ☐ 中 ☐ 差 ☐	好 ☐ 中 ☐ 差 ☐
服务态度	好 中 差	☐ ☐ ☐	好 中 差	☐ ☐ ☐	好 中 差	☐ ☐ ☐	好 中 差	☐ ☐ ☐	好 ☐ 中 ☐ 差 ☐	好 ☐ 中 ☐ 差 ☐
不满意的主要原因										
托管服务改进建议										
客户签字						调查人签字				
备注										

注:可在备注栏中写明具体托管项目,不涉及的托管项目不评价。

附 录 B

（资料性）

玉米托管服务评价内容及指标

玉米托管服务评价内容、指标及结果记录在表 B.1 中。

表 B.1　玉米托管服务评价记录表

服务组织名称：

序号	评价内容	评价指标	评价结果
1	服务组织 A	承担托管服务的组织应分别满足以下要求：应做到财务独立核算；应在市场监管部门登记注册；农村集体经济组织应在农业农村部门赋码登记；家庭农场应纳入农业农村部家庭农场名录管理系统	
2	服务人员 B	接待人员应符合以下要求：具有良好的职业道德；熟悉业务工作流程和内容；服务主动热情 技术人员应符合以下要求：具有玉米生产相关的基本知识；熟练操作与玉米生产相关的农业机械设备；有资质要求的应持证上岗	
3	设施设备 B	设施设备应符合以下要求：具备必要的玉米生产机械设备，如拖拉机、播种机、收获机、农药喷洒设备等；具备达到安全生产要求的农药、肥料、农业机械等物资存储条件和人员安全防护条件	
4	管理制度 B	具有完善的玉米托管服务管理制度，明确托管各环节工作流程及要求，主要包括人员、服务对象信息、设备、农资、作业、档案、投诉处理等管理制度等	
5	档案管理 B	托管服务组织应建立健全托管服务档案，保存期限不少于三年，至少包括以下内容：托管合同；农业机械档案（包括购买时间、作业量、维护保养情况等）；服务档案（包括服务项目、时间等）；田间管理档案（包括种子选择、种植操作、化肥农药使用、作物田间情况、作物产量等）；托管服务方投诉及处理档案；农资采购档案；其他档案	

续表

序号	评价内容	评价指标	评价结果
6	服务接待 B	接待人员应向托管委托方详细讲解服务方式、服务内容、服务价格和托管流程等事项,并提供相关资料	
7	地块核查 B	核查由服务双方共同进行;核查过程中应以事实为依据如实填写,对核查内容进行存档保留;核查内容按照服务环节进行选择,应包含但不限于服务地块的名称、位置、面积、行数、行距	
8	合同签订 B	托管双方应签订托管服务合同;合同内容应包括服务方式、合同双方的权利和义务、托管期限及费用支付方法、违约责任、合同的变更和解除等内容	
9	投诉处理 B	托管服务组织应提供可靠、便捷的投诉渠道,及时有效处理相关投诉;遇到投诉时,应主动跟委托方进行沟通或按照合同约定及时处理;投诉处理结果应及时反馈给服务对象,并采取预防措施防止类似事件发生	
10	满意度调查 B	每年应对服务对象进行一次满意度调查	
11	风险控制 B	对潜在风险进行分析、识别,针对不同的风险类型(如自然灾害、机械事故等)应制定相应的措施以规避或降低风险;对作业服务过程中可能发生的意外事故应制定相应的应急预案	
12	农资要求 A	种子、农药、肥料、农膜等农资产品应通过正常渠道采购并能提供产品质量合格证明和采购发票;种子应为通过审定且适宜当地种植的品种,其质量应符合GB 4404.1的规定	
13	机具要求 A	机具选择应能满足农艺要求;有证书和牌照要求的农机具应在取得证书、牌照后方可作业;作业前应检查机具安全装置及机具状态,确保在安全装置完好、安全标志齐全、无故障的状态下作业	

续表

序号	评价内容	评价指标	评价结果
14	作业质量 A	托管服务合同约定的项目其作业质量是否达到本标准规定的要求	

评价结论：　　□合格　　　　□基本合格　　　　□不合格

评价人：　　　　　　　　　　　　　　　　　年　　月　　日

注:1.评价内容中标注"A"的为关键要素;标注"B"的为非关键要素。
　2.作业质量中涉及的每个评价项目均为关键要素。

附录8 陕西省苹果生产托管服务标准和技术规范

本标准和规范适用于陕西省苹果优生区生产托管服务的备耕、建园、栽植、管理、病虫防治、采摘贮藏等环节。

1.备耕

(一)甲乙双方协商约定生产托管方式、建园、投入品采购、种苗供应、投入比例及方式、产量收益分配等环节责任和权利,并签订托管技术服务合同。

(二)选用适合当地农艺要求的深翻、开沟、施肥、起垄、栽植、植保、采收、储运机具(设备)。安全性能符合国家相关标准要求。作业前按照当地苹果栽培农艺要求,调整至工作状态。操作人员经过培训进行安全作业。

2.建园规划

2.1 园址选择

2.1.1 立地条件。建园选址必须交通便利,果园道路规划合理,有利于生产、运输和销售。

2.1.2 土壤条件。规划建园应选择土层深厚、有机质含量较高的塬面地块。要对土壤有机质、土壤养分等指标进行检测,以便进行配方施肥。

2.1.3 水源条件。建园时应尽量选择水源充足或建设有蓄水池的地块。

2.1.4 气候条件。建园前要调查分析所选地块气象灾害发生情况,尽量避开灾害多发地带。若属于霜冻及冰雹易发生区域,建园时必须健全防灾减灾体系。

2.1.5 耕地性质。要按照国家遏制"非粮化"有关政策要求,选择符合建园条件的耕地建园,不得随意占用国家保护性耕地。

2.2 防灾减灾

2.2.1 搭建防雹网。建园时要在充分考虑是否配套搭建防雹网的基础上,再建设支架系统。果树结果后,要及时搭建防雹网,建议以屋脊形网为主,有条件的果园最好配套自动收、展网设备。

2.2.2 防冻害措施。建园时根据地形建设必要的防霜冻措施,如防冻坑、喷水、移动烟雾桶等。

2.3 配套设施

2.3.1 设立支架系统。支架系统能固定树体、稳定根系、扶直中干、提高成活率,有利于提高产量和质量。支架系统提倡使用高强度水泥杆,便于同时搭建防雹网,实现"一杆二用"。

2.3.2 配套水肥一体化系统。根据建园情况和实用性,在建园时选择重力自压式简易灌溉施肥或小型简易动力滴灌施肥系统。

2.3.3 配套农业设施。建园前要规划建设农业设施库房,配置必要的果园机械装备。

2.4 良种良砧

2.4.1 品种选择。建议选用萌芽率高、易成花、丰产、优质、抗性强的品种。

晚熟品种:选择适宜当地的富士优系品种(如烟富10号、烟富8号、福布拉斯、富士冠军、岩富10号、新2001等,短枝型红富士优系可选宫崎短枝、龙富短枝、礼泉短富等),瑞香红、瑞雪、维纳斯黄金。

中晚熟品种:选择适宜当地秦脆、玉华早富、美味。

中早熟品种:选择适宜当地华硕、嘎啦优系(如大卫嘎啦、施娜克、巴可艾、红思尼克等)。

2.4.2 砧木选择。选用时一定要注意砧穗组合性状,选用长势较强、固定根系明显的砧木,同时最好选择自根砧或无融合繁殖的砧木。

矮化砧木:推荐选用G935(CY15)、M26、M9 T337。

半乔化(乔化)砧木:推荐选择青砧1号、楸子、新疆野苹果、八棱海棠等砧木。

2.4.3 苗木要求。优先选择本区域生产的优良苗木,提倡选用二年生带分枝脱毒壮苗、大苗,要求整株无损伤新鲜有活力,枝干粗壮,芽体饱满,根系发达,接口完全愈合,砧桩剪除愈合完好。产地检疫合格,高度1.5 m以上,距地面10 cm处粗度1.8 cm以上,角度开张的侧生分枝8个以上,14个以上饱满芽;根系完整率90%以上,基部粗度达到0.4 cm以上的侧根8条以上,侧根均匀舒展不卷曲。

矮砧苗木要求自根砧长25 cm左右。

3.建园

3.1 土壤处理

3.1.1 一般土壤处理。对没有重茬问题的土壤,即空白地,只需要进行整理,能够达到建园条件就行。栽植前要在壕(坑)内施入充足的商品有机肥(或腐熟的农家肥)3 t,并混合50 kg以上的磷肥(过磷酸钙)。

3.1.2 重茬土壤处理。对老果园重茬地建园,必须进行土壤处理。挖树后及时清理树枝、残根,每亩撒施腐熟好的农家肥(商品有机肥)3～5 t,全园30～50 cm深耕。

常用方法:一是挖壕晒土处理法(在定植行位置开挖深80 cm、宽100 cm的定植沟,土壤晾晒1年左右回填);二是熏蒸杀菌法,即秋季挖树第二年春季新建园时,须9月底前挖树,10月中旬完成熏蒸,熏蒸行内每平方米定植沟均匀撒施棉隆(98%制剂120 g,即20 kg/亩用量)。

3.2 定植

3.2.1 栽植时间。一般本地苗在土壤解冻到苗木萌芽前都可栽植。冷库贮藏苗可延迟至花期栽植。

本地苗栽植春季具体时间为3月底至4月上旬,延安以北也可以在10月下旬至11月上旬进行秋季栽植。

3.2.2 定植前苗木处理。定植时苗木必须进行分拣,同时用磷肥泥浆进行蘸根处理(冷库贮藏的苗木定植前必须浸泡根系48 h)。

3.2.3 栽植行向。以南北行向为主。

3.2.4 栽植密度。矮砧树株距1.2～1.5 m,行距3.5～4 m。乔砧树株距3 m,行距4 m。栽植中根据实际,株行距可以略作调整。

3.2.5 栽植步骤。在定植坑内放入防鼠网,理顺苗木根系,将嫁接口朝南向放入定植坑,填土1/3,轻提苗木,然后踩实苗木周围土壤。填土至距地面5 cm左右,踏实填土,整好树盘,以备灌水。填土过程中要注意调整苗木栽植深度,如果是矮砧苗则要求矮化砧木露出地平面5 cm。栽植当天根部灌透水,隔2～3天再灌一次透水,待水下渗后树盘覆土,并整好树盘。

3.3 授粉树配置

选择搭配品种作为授粉树的,按主栽品种与授粉品种5∶1的比例进行配置。选择专用授粉树,则按主栽品种与专用授粉树10∶1的比例进行配置,授粉树在行间或行向两端栽植。

3.4　栽后管理

3.4.1　覆膜或埋土。浇两次透水后覆膜，覆膜时中间低两侧高，呈"V"形。对于秋季栽植的苹果树苗，要及时用塑料或布条缠干，并埋土防寒，来年5月份分两次放苗、解除塑料或布条。

3.4.2　灌水。覆膜后若实施节水灌溉则每10~15天检查一次墒情，及时滴灌水，每株3~5 kg水。未实施节水灌溉的通常每7~10天灌水一次，共灌5~7次，每次10~15 kg/株（根据土壤墒情增减灌水次数）。

3.4.3　定干、抹芽。有分枝大苗（延长头1 m以上）不定干。1年生苗木定植后及时定干，定干高度1 m左右。萌芽后及时抹除50 cm以下发出的枝芽，延长头竞争枝及时疏除。

3.4.4　病虫害防治。定植当年防治白粉病、腐烂病、早期落叶病、锈病等病害，及时防治顶梢卷叶蛾、金龟子、蚜虫、红蜘蛛等害虫。

4.土壤管理

4.1　间作绿肥

4.1.1　豆菜轮茬。一般用于幼园。利用种植黄豆、油菜轮作刈割覆盖培肥地力。一般5月份播种黄豆或绿肥（中黄40、中黄38、箭筈豌豆）4~5 kg/亩，8月上旬刈割覆盖或翻压后再播种油菜（矮油2号、延油2号）0.3~0.5 kg/亩，第二年4月中旬油菜开花后及时刈割覆盖或翻压。

4.1.2　果园种草。选择毛苕子、箭筈豌豆、鼠茅草等草种，7月下旬至8月初播种，禾本科（鼠茅草）8月底播种。注意鼠茅草不用刈割。

4.1.3　自然生草。行间让杂草自然生长，当草高度在30~40 cm时及时刈割、覆盖树盘。

4.2　地面覆盖

4.2.1　有机物料覆盖。将玉米等作物秸秆、苹果枝条粉碎物、杂草等有机物直接覆盖在树盘中，覆盖宽度为树冠投影区，厚度20 cm，覆盖后适量压土。

4.2.2　园艺地布覆盖。在树盘下整行覆盖黑色园艺地布，幼园呈"V"形，成龄果园铺平整。

5.肥水管理

5.1 秋施基肥

9月中下旬选择腐熟的农家肥(每亩3~5 t),或者商品有机肥(每亩1 t以上),在园艺地布外沿开沟施入。开沟宽30 cm,深40 cm。施肥时混合施入氮肥、中微量元素及微生物菌剂。

5.2 水肥一体化(追肥)

5月底前,使用水肥一体化系统结合灌溉追肥3~5次,选择氮肥、氨基酸或矿物源黄腐酸钾肥(N:P:K=40:20:10);6月追肥1~2次,选择高磷水溶肥(N:P:K=10:35:10)。果实膨大期追肥2~3次,选择磷酸二氢钾或硫酸钾水溶肥(P:K=10:40)。每次每亩用水2~3 m³,根据土壤水分状况和果园情况灵活掌握。

5.3 叶面肥应用

开花前选择芸苔素、硼肥及尿素喷施1~2次;套袋前选择螯合态氨基酸钙肥喷施3次以上;果实膨大至着色成熟期选择磷酸二氢钾(矿物源黄腐酸钾)等喷施2~3次。采果后(11月)连续喷施1%、3%、5%的尿素溶液,促进氮素积累及及时落叶。

5.4 蓄水保墒

5.4.1 地布覆盖。地布以早春或晚秋铺设为佳,根据树龄大小确定地布铺设宽度。幼园采用单幅地布覆盖,宽1.4 m;成年园采用双幅地布覆盖,宽2.8 m,一次覆盖可使用5年左右。通过地布覆盖既可集雨保墒增温,又能防除杂草,还能保持土壤通透性,省力省时、一举多得。

5.4.2 坑施肥水。可采取两种方式:一是根据树龄大小,在株间和行间树冠投影部位,挖直径80 cm、深60 cm圆柱形穴,用长度50 cm、四周打孔的110 PVC管,竖立于穴中央,PVC管略低于地面,管外周边用粉碎的秸秆、树枝和土肥混合物填实,将肥水坑地表整理成锅底形,覆盖地布(株间肥水坑通行覆盖,行间肥水坑覆盖1 m见方即可),中间留口与PVC管口大小一致,用塑料地漏盖封口,以便收集雨水或补充水肥。幼树挖2个,初果树2~4个,盛果树4个。二是在株间安装塑料水桶收集天然雨水,配套地布覆盖蓄水保墒抑制杂草,将平时收集的雨水用于解决干旱期间果园缺水的问题,最大限度地提高天然降雨利用率。技术关键是10年生以下的树选择15 kg的水桶,10年生以上的可选择25 kg水桶,每个桶壁钻有10~14个8 mm上下错开的小孔。桶内套不打孔塑料果袋(厚度不少于10丝),撑开与桶壁贴实,桶盖上钻5~6个1.5 cm进水孔,以利收水贮水。地布覆盖时要求树株间土面低于行间土面10 cm,树两边覆盖80~100 cm黑色地布,覆盖要求平展严实,不能有褶皱,以免影响收集雨水。待果树干旱需要浇水时,将果袋提出,雨水倒入水桶,让水渗入土层,随后再将果袋放入桶中,盖好桶盖和地布,继续收集雨水。

6.花果管理

6.1 花前复剪

苹果花露红时开始,对细弱枝、病虫枝、多余的营养枝以及弱花枝进行疏除。

6.2 疏果

谢花后10 d开始,20 d内完成。疏果时要疏掉花萼不闭合的果、小果、扁果、朝天果、畸形果和病虫果,保留中心果、果型端正的果。

6.3 花期霜冻防控与补救

在花前花后喷芸苔素481、天达2116或PBO,提高坐果率和预防霜冻,并及时进行人工授粉。

6.4 套袋

6.4.1 套袋时间。5月20日左右开始,6月20日之前结束。

6.4.2 摘袋。早熟品种在采收前7~10 d,中熟品种在采收前10~15 d,晚熟品种在采收前15~20 d,选阴天或晴天上午10时以前、下午4时以后去掉外袋,5~7 d后(最少有3个晴天)再去内袋。

6.4.3 摘袋后的管理

6.4.3.1 摘叶。去袋后3~5 d,及时摘除果实周围遮光的叶片,促进果实上色。摘叶总量不超过全树总叶量的15%,摘叶时保留叶柄。

6.4.3.2 转果。当果实阳面着色后,可将苹果轻转90°~180°,将未着色的一面转向阳面,促进果实均匀着色。

6.4.3.3 铺反光膜。果实成熟前半个月在树冠下两侧各铺1 m宽的反光膜,促进全树果实尽快上色,充分着色。

6.5 免套袋技术应用

要求建园时选择适宜免套袋的新品种,必须连续增施有机肥,在选择药剂时避免刺激果面的药剂,减少残留,推广有机苹果生产病虫害防控技术。

6.6 采收

实施分期采收,即成熟一批,采摘一批。冷库贮藏的红富士尽量于10月10日至15日采摘;气调库贮藏的红富士于10月15日至20日采摘;鲜食上市的红富士尽量在10月下旬采摘。采收须在露水干后的早晨或避开午后高温,气温凉爽时进行,雾天、雨天、烈日曝晒下不宜采收。

6.7 贮藏

6.7.1 贮藏方式。采取冷库或气调库贮藏的方式进行。

6.7.2 入库前准备。入库前应对库房、包装容器、工具等进行消毒,消毒后进行通风换气,入库前2~3 d应将空库温度降到0℃。

6.7.3 贮藏包装要求。贮藏箱用木箱、铁框箱、防潮纸箱、塑料箱等,箱体内壁应光滑,冷藏库贮藏箱内衬塑料薄膜袋,厚度为0.03 mm±0.005 mm,薄膜袋扎口多少与否应根据不同品种对二氧化碳的敏感程度而定,气调库贮藏箱禁止使用内衬。

6.7.4 入库。采后的果实必须进行预冷,充分释放田间热。预冷后的果实应及时入库,入库后降温阶段,库内冷却风速1.0~2.0 m/s;每天的入库量应控制在库容量的15%~20%,冷库和气调库在5~7 d完成入库;堆码应按品种分库、分垛、分等级堆码,贮藏密度不超过250~280 kg/m³;堆垛排列方式、走向及垛间隙应与库内空气环流方向一致,堆垛距墙0.2~0.3 m,距冷风机不少于1.5 m,距顶0.5~0.6 m,堆垛高度不超过蒸发器冷风出口,堆垛之间距离0.4~0.5 m,库内通道宽1.2~1.8 m,垛底垫木高度0.1~0.2 m。

6.7.5 冷藏库管理技术

6.7.5.1 温度管理。苹果的贮藏温度应根据品种而定,不同苹果品种(品系)贮藏的适宜温度及预期贮藏期见下表。

不同品种(品系)苹果贮藏适宜温度和贮藏期

品种(品系)	贮藏温度/%	贮藏期/d
富士系	−1.0~−0.5	180~210
元帅系	−1~0	180
嘎拉系	0~1	120~150
金冠系	−1~0	180
秦 冠	0~14	180
蜜 脆	2~4	180
早熟富士	0~1	120~150

6.7.5.2　温度控制。库内各部分的温度应均一,温度波动幅度±0.5℃,库内布置代表性6～9个测温点,距地面高度1.5 m,测温误差<0.2℃,每年校正一次。

6.7.5.3　相对湿度管理。最适相对湿度在85%～95%,通过安装加湿器、地面洒水和贮藏箱内添加内衬膜等方法保持相对较高的湿度,应避免湿度大幅变化。

6.7.5.4　通风换气。通风换气应在库内外温差最小的时段利用新风系统或打开库门和风机进行通风换气,一般入贮初期每1周通风换气1次,贮藏后期每2周换气1次。保证贮藏环境中乙烯浓度<0.10 μL/L,二氧化碳浓度<贮藏品种伤害浓度,富士系<2%。

6.7.5.5　质量检查。贮藏期间定期抽样检查,每两周抽检一次,检验项目包括果实硬度、可溶性固形物含量、生理性病害、侵染性病害等,并分项进行记录,发现问题及时处理;苹果出库前除按贮藏期检验项目进行检验外,还应统计好果率和损耗率,填好出库检验记录单;同品种、同等级、同时入库的作为一个检验批次。抽取样品必须具有代表性,应在整批货物的不同部位按规定数量抽样,以一个检验批次作为相应的抽样批次,样品的检验结果适用于整个抽样批次;50件以内抽取2件,51～100件抽取3件,100件以上的以100件抽取3件为基数,每增加100件增抽1件。

6.7.6　气调贮藏管理

6.7.6.1　温度管理。入满库后要求5～7 d内果心温度达到该品种适宜贮藏温度,贮藏期间要求库温稳定,波动幅度不超过±0.5℃,不同品种气调贮藏的适宜温度见下表。

不同品种(品系)苹果贮藏适宜条件和贮藏期

品种	温度/℃	相对湿度/%	CO₂含量/%	O₂含量/%	贮藏期/d
富士系	0～1	90～95	0.5	1.5～2.0	240
嘎拉系	0～1	90～95	2～3	1.0～2.0	150～180
元帅系	0	90～95	2	0.7～2.0	210
秦　冠	0	90～95	3～4	3～4	180～210
金　冠	0～1	90～95	2～3	1～2	210～240
澳洲青苹	1	90～95	0.5	1.5～2.0	240
乔纳金	0	90～95	2～3	2～3	210

6.7.6.2　湿度管理。气调库必须安装加湿器,保持库内适宜湿度,贮

藏期间的适宜相对湿度见上表。

6.7.6.3　氧气和二氧化碳浓度管理。当库温稳定后,封库并开始调气。入贮初期利用制氮机向库内充入氮气,使库内氧气含量迅速降至5%~6%时停机,再利用果实自身呼吸降氧,直至到达氧气要求值。库内二氧化碳增加到适宜浓度时,开启二氧化碳洗涤器脱除过量的二氧化碳,使库内保持相对适宜二氧化碳含量。

6.7.6.4　空气环流。库房内的冷风机使库内空气温度分布均匀,缩小温度和相对湿度的空间差异,堆垛间风速不低于0.25 m/s。

6.7.6.5　安全管理。在气调库的运行过程中,应管理好安全阀和安全气囊等安全装置,安全阀内应保证一定水柱的液面,冬季运行时库外温度降至0℃以下时,应采取加入盐类物质或汽车防冻液等措施避免安全阀里的水结冻,在库体进行降温运行期间禁止过早关门封库。

操作人员应该了解气调库内的气体不能维持人体的生命需求,入库工作时应该携带氧气呼吸器。

气调库安全管理措施如下:

(1)设置警示标志在每间气调库的门上书写危险标志,如"危险——库内气体不能维持人的生命"。在封库之后,气调门及观察窗的小门应加锁,防止闲杂人员擅自入库。

(2)设置观察窗气调门上观察窗的大小至少为600 mm×750 mm,以便工作人员戴有呼吸器进入检查、维护。

(3)配备呼吸装置至少要配备两套经过检验的呼吸装置。

(4)检修人员配置进入气调库检查果实贮藏质量或维修设备时,至少要有两人。一人进入库内,另一人守候在气调库门外,并密切注意入库人员的动态。一旦入库人员发生意外,应采取急救措施。若修理工作量大,短时间内完不成,应开启库门,启动风机,待库内气体恢复正常空气状态再入库,工作完成后封门调气。

(5)防火安全管理应增强安全防护措施,增加消防设施,加强安全防火管理,禁止吸烟,杜绝一切可能引起火灾的隐患,避免制冷气体外泄会产生毒气或爆炸。

7.病虫害防控

7.1　原则
按照"预防为主,综合防治"的基本原则,以农业防治为基础,以生物防治、物理防治为关键,以矿物源、生物源农药为补充,有效地控制病虫危害。

7.2 农业防控

实施农业防治避免污染环境是病虫害综合防治的基础,是控制病虫、预防灾害的有效途径。加强土肥水管理,提高树体抗病、耐害能力,果园施用有机肥、绿肥,减少氮肥,增施磷、钾肥,能增强树体对腐烂病、斑点落叶病、轮纹病、白粉病等病害侵袭扩展的抵抗能力,能够恶化叶螨类、蚜虫类、蚧虫类等刺吸性害虫的营养条件。疏花疏果、果实套袋、摘叶转果是苹果优质生产的关键技术,同时,还可有效预防苹果轮纹病、炭疽病等果实病害的侵染,也可避免食心虫、金龟子、卷叶虫等果实害虫的危害。农业防治的其他措施还包括冬夏修剪,清园,控制病虫,抗病、抗虫品种的利用,树种、品种合理布局等。

7.3 物理、生物防控

安装太阳能杀虫灯,绑扎诱虫带、悬挂糖醋液,利用瓢虫、草蛉、食蚜蝇、捕食螨等天敌以虫治虫,利用性诱剂诱杀害虫。

7.4 药剂防控

在生物、物理防控的基础上,尽量使用生物源和矿物源等环境友好型农药,不能随意加大用药浓度,配药农药需要二次稀释,喷头雾化效果好。

8.树形管理

8.1 冬季整形修剪

8.1.1 树形选择。矮砧栽培主要选择细长纺锤形或高纺锤形。半乔化(乔化)栽培幼树选择纺锤形。

8.1.2 整形修剪。幼树整形期,落叶后至第二年发芽前,对主干上粗度超过着生部位的1/3的小主枝进行留桩短截。对主干延长头竞争枝进行疏除。延长头当年生长度超过80 cm时,一般缓放不动;不到80 cm时留饱满芽短截。成龄期随着结果年限延长,对结果枝组(小主枝)要及时采用回缩的方法进行更新复壮。

8.2 生长季节管理

8.2.1 抑顶促萌。春季萌芽后,对生长较旺、后部光秃、短枝量少的营养枝,摘除枝条顶部(约占该枝条长度的1/5),并分段转枝,控制其旺长,促进后部发枝。

8.2.2　摘心去叶。对当年生未停止生长的40 cm以上的新梢,在5月中下旬、7月中下旬掐去梢部生长点,对于一些过旺的枝条,摘心去叶的同时,还要配合转枝、拉枝等其他一些调势措施,促生短枝促其成花。

8.2.3　拉枝。新梢长到10~15 cm时,先用牙签支撑等办法开张基角;待新梢长度在50 cm左右时,将枝条拉到应有角度,角度根据栽植的密度、品种、树龄、树势选择,后期梢角上翘的枝条及时开张梢角,保持直伸状态。

对于难成花的富士等品种,短枝型小主枝角度由70°~80°开张到90°~100°,乔化树小主枝角度由80°~90°开张到100°~120°,矮化树小主枝角度要根据栽植密度来确定,密度越大角度越大,一般要拉至120°以上。易成花的嘎拉、秦脆等品种,基部开张角度适当减小。

8.2.4　其他措施。综合采取刻芽、扭梢及疏枝等技术,克服枝条后部光秃、促进短枝形成,控制旺长,解决通风透光。